中华民族优秀传统文化故事读本

王培胜 ◎ 编著

仁

立天之道，曰阴与阳；立地之道，曰柔与刚；立人之道，曰仁与义……

礼者，所以行之而备其条理；智者，所以知之；信者，所以守之……而所行、所知、所守，则仍不外乎仁义……

中国农业科学技术出版社

图书在版编目（CIP）数据

中华民族优秀传统文化故事读本. 仁 / 王培胜编著. —北京：中国农业科学技术出版社，2017.1（2021.9重印）
ISBN 978-7-5116-2667-7

Ⅰ. ①中… Ⅱ. ①王… Ⅲ. ①品德教育—中国—通俗读物 Ⅳ. ①D648-49

中国版本图书馆CIP数据核字（2016）第162658号

责任编辑　穆玉红
责任校对　杨丁庆

出　版	中国农业科学技术出版社
	北京市中关村南大街12号　邮编：100081
电　话	（010）82106626（编辑室）
	（010）82109702（发行部）　（010）82109709（读者服务部）
传　真	（010）82106626
网　址	http://www.castp.cn
经　销	各地新华书店
印　刷	北京富泰印刷有限责任公司
开　本	710 mm×1000 mm
印　张	5.25
字　数	150千字
版　次	2017年1月第1版　2021年9月第4次印刷
定　价	28.00元

版权所有·翻印必究

编著编委会

主　　　任：王培胜
副　主　任：董海霞　穆玉红
参与编写人员：董海霞　花　辉　刘　静　穆玉红　倪书刚　宋春艳　田苹苹
　　　　　　　　王　梅　王培胜　武丽丽　熊联菊　许瑞丽　叶宏奇　赵　伟

前　言

　　国无德不兴，人无德不立。中华民族传统美德，经过了历代劳动人民的精神沉淀和提炼，植根于儒家理念基础，和天地有机有序结合，在顺应自然和人文发展规律的前提下，逐渐发展成为以"仁、义、礼、智、信"为最基本道德规范、民族特色鲜明的传统文化体系，其是人类进行物质生产活动和自身生存发展的客观要求，也是人们共同生活的基本的行为准则，它是人类社会道德关系的具有科学性的优秀遗产。

　　"仁、义、礼、智、信"是中国社会传统文化和思想体系建设宝库中极其珍贵的财产，是道德教育和行为规范的典范。在社会民众心理上，其有着无可替代的对于共同道德信念的权威感和归属感。虽然在漫长的封建统治过程中不可避免的为部分封建思想糟粕所渲染，但是经过提炼和甄选，其中绝大部分内容在当今社会仍具有普泛的意义和价值。当下，我们的传统文化体系和道德标准范畴不断被挑战和冲击，甚至有的媒体"娱乐至上"，为了博人眼球不惜篡改历史、扭曲人物形象，在青少年群体中间造成了恶劣的影响。开放的中国需要自己的文化自信，树立道德标准和典范，也是当下时代所需要的一种文化导向和社会责任。

　　习近平总书记指出："中华文明绵延数千年，有其独特的价值体系。中华优秀传统文化已经成为中华民族的基因，植根在中国人内心，潜移默化影响着中国人的思想方式和行为方式。今天，我们提倡和弘扬社会主义核心价值观，必须从中汲取丰富营养，否则就不会有生命力和影响力。""要利用好中华优秀传统文化蕴含的丰富的思想道德资源，使其成为涵养社会主义核心价值观的重要源泉。"

　　不忘根本才能开辟未来，善于继承才能更好创新。本书通过对以"仁、义、礼、智、信"为主线所凝聚的传统文化和故事进行创造性转化、创新性发展，以典型优秀品质为发散点，通过对相关的文化背景、基础知识进行串联普及、发掘、阐释和延伸，读故事，学礼仪、学知识、教化育人。在当代中国社会道德文明和核心价值观的建构过程中，借用"仁、义、礼、智、信"的形式，引导青少年树立和坚持正确的历史观、民族观、国家观、文化观，增强做中国人的骨气和底气。

目 录 | CONTENTS

文字溯源

- 玉皇大帝与龙口长把梨 /001
- 观音送画 /007
- 舜的故事 /008
- 不食周粟 /009
- 朱冲送牛 /011
- 孟母择邻 /012
- 孟母断织教子 /013
- 赵宣子礼退杀手 /014
- 医者仁心 /016
- 失人之察 /018
- 左伯桃 /019
- 不贪为宝 /021
- 季羔仁慈执法 /022
- 卜式牧羊 /024
- 管鲍之交 /025
- 冯谖客孟尝君 /027

- 中山君飨都士 / 029
- 孟子智劝梁惠王 / 030
- 孙叔敖埋蛇 / 031
- 负荆请罪 / 032
- 孝敬父亲的小黄香 / 034
- 薛包孝敬后母 / 035
- 穆姜仁爱 / 036
- 韩信忍辱 / 037
- 绝缨宴 / 038
- 韩信报一饭之恩 / 039
- 与人为善 / 040
- 涌泉跃鲤 / 041
- 割席断义 / 042
- 陆绩怀橘 / 043
- 以人为镜 / 044
- 心正则笔直 / 045
- 爱憎分明包青天 / 047
- 一箭易断,十箭难折 / 048
- 黄州菊 / 049
- 岳母刺字 / 050
- 赵忭越州赈灾 / 053
- 徐九思活民 / 055

- 石旗杆的来历 /056
- 百鸟归巢的传说 /057
- 乞丐和猴子 /058
- 六尺巷 /059
- 妙联救人 /060
- 救人中状元 /062
- 唐太宗仁爱治国 /066
- 柳宗元仁政 /067
- 苏轼卖房 /068
- 乐善好施严世期 /069
- 刘备携民渡江 /070
- 古公亶父 /071

文字溯源

一

　　仁最早写作"|二",即一竖二横,一为阳,二为阴。(会意。从人,从二。意思是两个人在一起,两个人愿意走在一起,表明相互之间都有亲近的要求,否则就不会走在一起。因此本义:两个人亲近友爱。另一种说法从人,从上。指社会中的上等人,并引申出精华的意思)。

　　何谓仁?仁者,人二也。指在与另一个人相处时,能做到融洽和谐,即为仁。仁者,易也。凡事不能光想着自己,多设身处地为别人着想,为别人考虑,做事为人为己,即为仁。儒家重仁,仁者,爱人也。简言之,能爱人即为仁

　　孔子讲仁,是说人心,人心要充满爱,爱自己,也爱别人。

　　孟子仁政,是说政治,政治要体现仁爱,把爱护人的精神融入到执政中去。

　　荀子仁义,是说行为,行为要符合仁义,在义这种行为中,要贯彻仁的精神。从个人修养,到政治生活,到社会道德。从点到面,不断发展,持续推广。

二

　　"仁"的字体演变过程:

仁→仁→仁→仁→仁→仁

仁的甲骨字　仁的金体字　仁的篆体字　仁的隶体字　仁的行体字　仁的草体字

三

　　"仁"这个词在孔子以前已广泛使用,但作为哲学范畴的提出,是从孔子开始的。仁在孔子思想中是最高、最根本的理想和准则。

　　"仁"字在《论语》中出现百次以上,但是,对于仁的确切含义,《论语》中并

没有纯定义式的解说，常常是根据提问人的不同情况而随问作答，每次讲解并不完全一致。如颜渊问什么是仁，孔子说，克制自己，使自己的言行合于礼，这就是仁。一旦克制自己而使言行都合于礼，天下的人就会称许你是仁人。具体做法是不合于礼的东西不看，不合于礼的话不听，不合于礼的话不说，不合于礼的事不做。

樊迟问什么是仁，孔子说"爱人"。

子贡问："如果有人能广泛地把好处给人民而且能够周济大众，这个人怎么样？可能算是仁人吗？"

孔子说："何止是仁人！一定是圣人了！尧舜大概还做不到哩！仁人要做到：自己想树立的也帮助别人树立，自己想达到的也帮助别人达到。凡事能够推己及人，可以说是实行仁的方法了。"

这表明，孔子所讲的仁，有对己、对人两个方面的基本含义。对己就是"克己复礼"，即克制自己，使视听言动都合乎礼，一旦做到了这点，天下人都会称许你是个仁者。"克己"不仅是消极意义的自我克制，还包含积极意义的自觉实行。

仁有时还指一种理想的行为规范和高尚的品德。樊迟几次问孔子怎样才算仁，孔子有时说："有仁德的人对艰难的工作抢先去做，对获功论赏的事则退居人后。"即吃苦在前，荣誉在后。有时说："在家态度恭敬，办事严肃认真，对人忠心诚实，即使到了夷狄地区，这三种品德也不可背弃。"另一个学生子张问怎样做才是仁，孔子说："能在天下实行五种美德，就是仁了。"即庄重、宽厚、诚信、勤敏、慈惠。"庄重就不会招致侮辱，宽厚就能得到众人拥护，诚信就能得到别人的信用，勤敏就能取得成功，慈惠就能很好地使唤人。"

所以孔子又说："刚强、果断、质朴、言语谨慎，有这四种品德的人便接近于仁。"花言巧语，伪装和善，这种人则很少有仁。

《论语》上说："仁离我们很远吗？只要我想达到仁，仁就可以达到。"

"实行仁德在于自己，难道在于别人吗？"这就是说一个人要达到仁，实现仁的理想，只有靠自觉的意识才能做到，即使暂时达不到，但坚持下去，终有一天能达到。靠外力的强制是做不到仁的，仁完全是一种主观化的内在要求。这一思想，对后世的主观唯心主义有很大影响。

在孔子看来，仁爱分为几个层次。仁爱的根本是孝悌，因为只有在家孝敬父母、兄长，仁爱才能由家庭推广到社会，才能"泛爱众"，爱君忠君。如何做到"仁爱"

呢？孔子曰："能行五者（恭、宽、信、敏、惠）于天下，为仁矣。"而身为统治者，也要"爱民"，即要实行仁政、德政，因为"克己复礼，天下归仁焉"。孔子认为，如果社会中的每个人都能做到仁、具有仁爱之心，上下、长幼、尊卑有序的礼治社会便不难实现。

四

孔子之后的孟子继承了其"仁爱"的思想，在"亲亲"基础上提出了"人民爱物"思想。孟子认为人天性中都带有"不忍人之心""恻隐之心"，是以仁爱要推己及人，即要"老吾老及人之老，幼吾幼及人之幼。"

深受儒家思想浸染的古人，上至帝王将相，下至士人百姓，亦身体力行地实践着仁爱思想。

贞观二年，关中一带干旱，发生了大饥荒。太宗又对大臣们说："水旱不调，都是国君的罪过。我德行不好，上天应该责罚我，百姓有什么罪过，要遭受如此的艰难窘迫？听说有人卖儿卖女，我很可怜他们。"于是派御史大夫杜淹前去巡查，还拿出皇家府库的钱财赎回那些被卖的儿女，送还他们的父母。

贞观十九年，唐太宗征伐高丽，驻扎在定州。太宗驾临城北门楼安抚慰劳将士。有一个士兵生病，太宗下诏派人到他床前，询问他的病痛，又敕令州县为他治疗。因此将士都高兴地愿意随从太宗出征。等大军回师，驻扎在柳城时，太宗又诏令收集阵亡将士的骸骨，设置牛、羊、猪三牲为他们祭祀。太宗亲自驾临，为死者哭泣尽哀，军中将士无不洒泪哭泣。观看祭祀的士兵回到家里说起这件事，他们的父母说："我们的儿子战死，天子为他哭泣，死而无憾了。"

正是因为唐太宗以仁爱治国，示范官吏，所以深得民心，这无疑为唐朝的繁荣富强奠定了基础。

同样以仁爱治理国家闻名的君王还有汉代的文王、三国时的刘备、宋朝的太祖、清朝的康熙帝等。他们施行的仁爱不仅使自身赢得了百姓的敬重，而且国泰民安，人民安居乐业。

而帝王之外，施行仁爱之人代不乏出。东汉末年的淳于恭就是一个仁爱之人。他的家有山田，也有果树。当时闹饥荒，经常有人去他家的田地偷摘果树和偷割稻禾。对于这些偷盗之人，淳于恭反而采取宽容善待的态度。当看到有人偷采果实时，他就去安慰并帮助他们采摘，并让他们把果子带走；当他看到有人偷偷到他家田里割庄稼，担心小偷遇见他会感到羞愧，就趴伏在草丛中，等到割庄稼的人从容离去再站起来。由于淳于恭的高尚行为，使村落里的人深受感化，后来，偷盗的事情也就很少见了。淳于恭病逝后，朝廷在他的家乡刻碑，以表彰他的作为。

三国时，有仁爱之名的吴国名医董奉治病不收诊费，只要求被治愈者在他住所周围种植几株杏树。数年后杏树蔚然成林，收获之后，又将所得用以救治贫民或流亡路过者。后人便以"杏林"作为医界或诊所的代名词，现在还常见以"杏林春暖"的匾额或锦旗来赞颂有成就的医生。

晋朝官员郗公（郗鉴）在永嘉丧乱时，避居乡下，很穷困，甚至要挨饿。乡人尊敬郗公的名望德行，就轮流给他做饭吃。郗公带着侄子郗迈和外甥周翼一起去吃饭，乡人告诉他，现在大家都很穷困，如果加上两个孩子，恐怕就不能一同养活了。此后，郗公就一个人去吃饭，并把饭含在两颊旁，回来后吐给俩孩子吃，两个孩子因此活了下来。这就是著名的"郗公含哺"。郗公去世时，周翼任剡县令，他辞职回家，在郗公灵床前铺了草垫，为郗公守丧三年。

孔子说："仁者爱人。"把"仁人"看作是道德上有很高修养，政治上有很大抱负，还可以进而达到德政无缺的境界的人。在孔子的众多弟子中，除了颜回是"其心三月不违仁"外，"其余则日月至焉而已矣"，都是"未仁"的。许多弟子都向他请教什么是"仁"，又怎么样才能做到"仁"。"仁"是人的内心所呈现出来的道德意识，它的外在表现就是道德行为，其中最基本的就是"忠""恕"，即"己所不欲，勿施于人"，"己欲立而立人，己欲达而达人"。但在处理人际关系上又衍生为更多的道德条目，如孔子所说的"恭、宽、信、敏、惠"，每一条都是非常优秀的品德。一个人要想做到这五条，成为仁者，一定要下苦功才行。

◎玉皇大帝与龙口长把梨

山南张家庄有个员外，姓张名百忍，他虽然家境殷实，财源茂盛，但他为人诚实，心地善良，对人素有爱心。不论是街头乞丐，还是孤寡老人，只要他听说他们有困难，就想尽办法或亲自去送或托人捎去，尽量接济他们，让他们吃饱穿暖，所以张百忍的善名闻名遐尔，方圆几百里的人们，只要提起张百忍，没有一个不伸大拇指夸奖的，都说他是一个高尚的人，是一个大善人。

有一天，一个生癞疮头的老和尚倒在了张百忍的家门外，张百忍忙招呼家人一起将和尚抬到家里的床上，并亲自用雪白的棉花轻轻地将和尚头上的血脓擦掉，又亲自涂上药膏，最后为和尚洗了澡，直到这时和尚才苏醒过来，直喊肚子饿，张百忍又叫妻子下了碗荷包蛋面条，一口一口喂饱了和尚，刚吃完，和尚又恶心，将面条吐了一床，张百忍亲自为和尚擦洗干净，端水让和尚漱了口，又让妻子重新蒸了鸡蛋羹，重新一口一口喂和尚，吃了鸡蛋羹，和尚睡着了。

和尚在张家一住就是半年，白吃白喝，有时还挑剔饭菜，脾气反复无常，张百忍总是变着花样为和尚调整生活。半年后，和尚的病完全好了，又白又胖，并且经常与张百忍交流思想、谈心，和尚的脾气好了，情绪也稳定了。

这天，和尚提出要走了，张百忍百般挽留，和尚还是坚持要走，最后，张百忍设宴为和尚饯行。宴席中，和尚提出，他这次出来是为五台山寺庙化缘的，并说五台山这次要大规模的修缮，重塑如来舍身，这是一大善事，张百忍马上让人拿出一百两银子，放到和尚面前。

和尚笑着说："好事成双嘛！"

张百忍立即又拿出一百两，摆到了和尚面前，和尚这

仁，亲也 ——《说文》

才高兴地收了起来，宴罢，和尚要起程了，张百忍送了一程又一程，两人恋恋不舍，情深意浓。到了三岔路口，和尚说："施主，请回吧。"说着和尚双手合十，口中念到："善哉、善哉，施主您真是个好人，好人自有好报。"

说着从内衣口袋里摸出了一个绸布包，揭了一层又一层，最后里面是颗种子，双手连绸包一起递给了张百忍，深情地说："施主啊，咱们就要分离了，这颗种子就叫做梨（离）种吧。你回家后，把它种到自己家院子里，长成树后，结出的梨又大又甜，还能助人消化、治肚子疼，特别是硬东西吃到肚子里，不好受，吃梨，保你能顿时消化，解除病疼。"话音刚落，只觉得一阵旋风，和尚不见了，只见地面上留下了"来去无踪，不用寻觅。"八个大字，光听到空中和尚的声音在喊："施主，再见了，以后遇到难题，特别是到别的地方赴宴，最好先吃两个梨垫底。"

慌得张百忍，忙朝和尚声音响的地方拜了三拜，高喊到："师傅，保重啊。"然后双手捧着种子回了家。

回家后，张百忍亲自在院子里选了个朝阳地方，亲自动手挖了树坑、松了土，将梨种种了下去。说来也怪，这梨种子种下去刚一天，就破土出芽，第二天就随风见长，第三天就长成了大树，第四天开花，第五天坐果，第六天长大，第七天就开始成熟，然而就在第七天，张百忍家发生了意想不到的变化。

原来当时天宫纷乱，诸神争位，眼见大战将起，最后德高望重的太上老君想了个万全之策，到人间查访贤德之人到天上做玉皇大帝之位，平稳局势。正在梨树长到第七天的时候，太上老君经过考察，决定请张百忍到天宫当玉皇大帝，开始张百忍百般推辞，太上老君告诉他，玉皇大帝之位必须是张百忍这样道德高尚的君子来坐，否则平息不了天宫之乱，继了玉帝之位，天宫之乱平息了，这就是做了最大的善事，张百忍这才答应了。可是张妻王母舍不

仁者，情志好生爱人，故立字二人为仁 ——《春初·元命苞》

得自己的家，舍不得家养的鸡、狗、猫、鸭，尤其是舍不得这棵梨树。太上老君说，这些好办，于是用了"点庭升天法"，运用了神力，将张百忍一家人整个庭院及鸡、狗、猫、鸭、大梨树一起升到了天宫，于是人间有了"一人得道，鸡犬升天"的说法。

张百忍升天后，太上老君主持了隆重的登基大典，张百忍正式继了玉皇大帝之位，天宫之乱表面平息了，诸路神仙阿谀奉承的，摆宴相请的，暗中不服的，故意找茬的，真是千姿百态，各显神通。本来二朗神并不算什么大神，可是他心里最不服，想故意找茬出张百忍的丑，因此千方百计走后门拉关系，找到托塔李天王，请到了玉皇大帝到他家赴宴，他好趁机捉弄一下张百忍。对于二郎神的不服气，玉帝是有耳闻的，因此，为了防不测，他按照和尚的嘱咐，赴宴前，他想到自己院子里摘几个梨先吃下，当他还未走到自家院子时，远远就闻到一股清香，扑鼻而来，使人精神爽朗，当走到院子里举目望去，但见那粗壮的梨树枝叶茂盛，叶子绿茵茵的，满林梨硕大，长长的把、黄澄澄的，引人垂涎、喜煞人，爱煞人，张百忍忍不住快步向前摘了一个，咬一口脆生生，甜滋滋的，酸丝丝的，令人满口生津，泌人肺腑，张百忍一气连吃了两个，真吃得心满意足，心想有这两个梨垫底，什么样的宴席全能对付，同时，又摘了十几个，命随人拿着，准备分赐给陪宴的大臣品尝。

张百忍摆驾来到二朗神府上，只见府内张灯结彩，仙女频频起舞，倪裳、仙典悠悠悦耳，二朗神见玉帝驾到，忙上前恭请，将玉帝让到主位上，安顿好了诸位陪宴的大臣，随即二朗神示意侍女先上了四个凉盘，一盘冻玉石块，一盘凉黄金丝，一盘冷银片，一盘生珍珠粒，这四个菜，在天宫是最高规格的招待，这种菜宾主只能吃一点，表示个意思，按理说，张百忍刚由凡人登基做玉帝，一时适应

上下相亲谓之仁 ——《礼记·经解》

不了天官的饮食，这一点二朗神是最清楚不过的，他就是让玉皇吃了肚子疼，好出玉皇的洋相，出出他不服的闷气，所以二朗神一个劲的让张百忍多吃菜，他哪里知道魔高一尺，道高一丈，张百忍一眼就看穿了二朗神的用意，他将计就计，反客为主，一个劲的让二朗神多吃，自己也狼吞虎咽，使陪客的诸位大臣着实吃惊不小，无奈，二朗神也得陪着吃，结果还没等上别的菜，二朗神自己倒肚子疼的厉害，这时，玉帝命随员拿出自己所带的梨，分赐给几个陪宴的大臣，陪宴大臣慌忙跪下谢恩，这时只听得玉帝大喝一声，"二朗神听旨"，在捂着肚子疼痛难忍的二朗神慌忙跪好叩首听旨，玉帝朗朗高声道："二朗神，对朕心怀不服，不怀好意，竟来捉弄朕，立即暂首"说着就要传唤执行官，只见陪宴的大臣，跪了一片，全都替二朗神求情，托塔李天王说："玉帝，看在我出面请的您，二朗神又年小无知的份上，饶了他吧，可先把他这颗头暂寄在他的项上，如果今后再犯天条，定斩不饶。"玉帝本来就无意要杀二朗神，只是想借这件事给天宫里诸神来个下马威，同时，压压二朗神的气焰，正好就坡下驴，对二朗神正色道："二朗神，本该立刻将你斩首，现看在李天王和众位爱卿的面上，饶你不死"。二朗神听罢，忙叩头谢恩，口中喊道："小臣知罪，小臣再也不敢了"。玉帝道："现在也赐你梨一个，吃下去，肚子就不疼了，为了让你记住教训，现赐你天狗一只，随时监视你的行动，同时，通过这件事，众位爱卿也要吸取教训，今后谁再图谋不轨，定斩不饶。"众臣谢恩，三呼万岁，诸位大臣和二朗神方知张百忍高人一筹，皆以心服口服，大家一同吃了玉帝御赐的梨，顿时觉得润喉爽口，二朗神的肚子不疼了。大臣们向玉帝请教此梨的来历和名字，张百忍就把如何救和尚，和尚如何赠送长把梨种等过程讲了一遍，并说："朕见此梨把长，就赐名"长把梨"吧，唉，长把梨，长离呀，朕将长离人间了，"

温良者，仁之本也 ——《礼记·儒行》

言语间流露出对人间的无限留恋。众大臣静心听玉帝在叙说,以里更加钦佩张百忍,心里想,多么好的玉帝呀,真是从心里服气,正当大家开始议论称赞时,又听得玉帝金口又开:"李天王听旨",慌得托塔李天王慌忙下跪,慌乱之中自己的左脚竟踩了右脚,口称"臣在",玉帝道:"朕命你大开南天门,朕要把长把梨种撒向人间,让长把梨在人间生根发芽,造福百姓,这也是朕从人间来到天宫送给人间的一点纪念吧,同时以此事告知天界的官员,要时刻想着黎民百姓,为黎民百姓着想,否则,就不配做天宫里的官员。""臣遵旨"李天王叩首答道,然后急传令南天门官,立即安排撒长把梨种的仪式,只见南天门处赶扎了彩色排坊,彩旗飞舞,鼓乐阵阵,仪仗队列队整齐,分列摆好队伍,鸣礼炮二十一响,大开南天门,玉帝御笔在红绸上写下了"长把梨"三个字,然后用此绸将长把梨种包好,率众臣来到南天门,由太上老君主持仪式,玉帝发了圣旨诏书,诏书曰:"朕乃民间一布衣,承天宫诸神拥戴为玉皇大帝,但朕未敢忘记凡间黎民百姓,现将长把梨种一包撒向人间,此梨种就落在山明水秀之处,应被上孝父母、中和兄弟、下爱妻子的人拾得,要精心种植,方能造福于人间"。玉帝颂旨后,雷公电母忙进行表演,只听得雷闪电鸣,为庄重的撒种仪式增加了几分色彩,随着布云童子忙布云,风婆婆忙着刮风,紧接着雨官下了一场大雨,将人间冲刷的一干二净,好让梨种撒落在清新的土地上。最后托塔李天王开路,众天将护围,在礼炮的轰鸣声中玉皇大帝——张百忍亲自把包有长把梨种的绸包撒向人间。

却说这时正值人间太平盛世,大地生机勃勃。家住胶东半岛的东莱黄县(现龙口市)东南山的小伙子郑义,这天早晨上山打柴,只听得一声震天响,东南天空雷闪电鸣,紧接着狂风骤雨,等雨过天晴,一包东西飘然而下,正好掉到了郑义的脚下,郑义忙捡起,只见是一个绸布包,上

仁者,谓其中欣然爱人也 ——《韩非子·解老》

书"长把梨"三个字,连忙捧着绸包跑回家。

郑义自幼丧母,只有六旬老父在堂,父慈子孝,在方圆几里是有名气的,当时郑义回家把绸包呈给了父亲。父亲打开绸包,一看有七颗梨种,再看绸包上"长把梨"三个字,纳头便拜。原来,郑义的父亲是个秀才,与张百忍有过书信来往,认得"长把梨"三个字是张百忍的手迹,后来听说张百忍升天做了玉帝,便知道这是玉帝所赐,所以他便纳头就拜。然后选了个黄道吉日,父子两人将梨种种到自家的院子里。由于气候适宜,肥水充足,长把梨树迅速成长逐渐繁衍开来,遍种胶东黄县,郑义也靠种植长把梨发了家,他上孝老父,下爱妻子,和睦邻里,日子过得甜甜蜜蜜。因为长把梨生在黄县长在黄县,即今天的龙口市,所以被人们称为山东龙口长把梨。

仁者,可以观其爱焉 ——《礼记·丧服四制》

◎ 观音送画

一年，杭州城发生疫症，又恰巧遇到荒年，人们贫病交加，极其凄惨。

一天，城内的湖边，泊了一只大船，船头坐了一位美丽的女子。她为贫病的人请命，如果有人出钱买她，她就住在他的家里，为他服务，得款用来救济人民。

岸上的人争着买她，相持不下，就采用投钱的方法，谁用钱掷中她，就迎她回去。

于是，铜钱、黄金、白银都纷纷投下来，堆满船头，却没有一枚落在她身上。大家十分失望，只好放弃。

女子微笑，合掌向岸上的人致谢，把每一个捐来的钱都施舍给穷人。

消息传来，轰动整个杭州城，富人们为她侠义的行为感动，纷纷慷慨布施。于是，病人得到医药，穷人得到金钱，饥饿的人得到食物，人心都安慰和满足。

突然，女子的船上霞光万道，灿烂光明，一位法相庄严的菩萨合掌微笑。大家惊奇极了。

她说："我就是观世音菩萨，我来，是为了启发和唤醒大家的仁心。同情、怜悯是最高贵的情操，帮助他人，是最神圣的责任，扶助弱小，是人们义不容辞的天职。今天，你们的表现十分值得赞美，大家将得到幸福。"

众人既感动又欢喜，不约而同合掌，称念观世音菩萨。

观世音菩萨把画像送给他们。她的诺言应验了，她真的住在每一位出钱为善的人家里。

岂无居人？不如叔也，洵美且仁 ——《诗·郑风·叔于田》

◎舜的故事

传说，舜的父亲是个瞎子，生母去世后，父亲又娶了一个妻子，并生了一个儿子。父亲喜欢后妻的儿子，总想杀死舜，遇到小过失就要严厉惩罚他，但舜却孝敬父母、友爱弟弟，从来没有松懈怠慢。舜非常聪明，他们想杀死舜的时候，却找不到他，但有事情需要他的时候，他又总在旁边恭候着。

有一次，舜爬到粮仓顶上去涂泥巴，父亲就在下面放火焚烧粮仓，但舜借助两个斗笠保护自己，像长了翅膀一样，从粮仓上跳下来逃走了。后来，父亲又让舜去挖井，舜事先在井壁上凿出一条通往别处的暗道。挖井挖到深处时，父亲和弟弟一起往井里倒土，想活埋舜，但舜又从暗道逃开了。

他们本以为舜必死无疑，但后来看到舜还活着时，就假惺惺地说："你跑到哪里去了？我们特别想你啊……"他们经常想方设法害舜，但舜不计前嫌，还像以前一样侍奉父亲、友爱弟弟。

后来他的美名远扬，尧帝知道后，就把两个女儿嫁给他，并让位于他，天下人都归服于舜。

延伸阅读

舜，是中国传说历史中的人物，五帝之一。名重华；出生地一说在诸冯，一说在姚墟；为传说中的父系氏族社会后期部落联盟首领。他不仅是中华道德的创始人之一，而且是华夏文明的重要奠基人

有德者之称

◎ 不食周粟

相传伯夷、叔齐是商朝末年孤竹国国君的长子和三子。孤竹国国君在世时,想立叔齐为王位的继承人。他死后叔齐要把王位让给长兄伯夷。伯夷说:"你当国君是父亲的遗命,怎么可以随便改动呢?"

于是伯夷逃走了。叔齐仍不肯当国君,也逃走了。百姓就推孤竹国君的二儿子继承了王位。

说起伯夷兄弟之所以让国,是因为他们对商纣王当时的暴政不满,不愿与之合作。他们隐居渤海之滨,等待清平之世的到来。后来听说周族在西方强盛起来,周文王是位有道德的人,兄弟二人便长途跋涉来到周的都邑岐山。此时,周文王已死,武王即位。武王听说有二位贤人到来,派周公姬旦前往迎接。周公与他们立书盟誓,答应给他们兄弟第二等级的俸禄位和与此相应的职位。他们二人相视而笑说:"奇怪。这不是我们所追求的那种仁道呀。"

周武王见到商朝政局败乱而急于坐大,崇尚计谋而行贿赂,依仗兵力而壮大威势,用宰杀牲畜、血涂盟书的办法向鬼神表示忠信,到处宣扬自己的德行来取悦于民众,用征伐杀戮来求利。他们二人对投奔西周感到非常失望。当周武王带着装有其父周文王的棺材出征伐纣时,伯夷拦住武王的马头进谏说:"父亲死了不埋葬,却发动起战争,这叫做孝吗?身为商的臣子却要弑杀君主,这叫做仁吗?"周围的人要杀伯夷、叔齐,被统军大臣姜尚制止了。

周武王灭商后,成了天下的宗主。伯夷、叔齐却以自己归顺西周而感到羞耻。为了表示气节,他们不再吃西周的粮食,隐居在首阳山,以山上的野菜为食。周武王派人请他们,并答应天下相让,他们仍拒绝出山仕周。

后来,一位山中妇人对他们说:"你们仗义不食周朝的

予尝求古仁人之心　——宋·范仲淹《岳阳楼记》

米,可是你们采食的这些野菜也是周朝的呀!"妇人的话提醒了他们,于是他们就连野菜也不吃了。到了第七天,快要饿死的时候,他们唱了一首歌,歌词大意是:"登上那首阳山哪,采集野菜充饥。西周用残暴代替残暴啊,还不知错在自己。神农、舜、禹的时代忽然隐没了,我们的归宿在哪里?哎呀,我们快死去了,商朝的命运已经衰息。"于是他们饿死在首阳山脚下。

延伸阅读

粟:俗称小米,中国古称"稷"。种子脱壳制成的粮食,因籽粒粒小,直径2毫米左右。原产于中国北方黄河流域,中国古代的主要粮食作物,所以夏代和商代又被称为"粟文化"。中国最早的酒也是用小米酿造的。粟在中国北方俗称谷子。

原文:《史记·伯夷列传》:"武王已平殷乱,天下宗周,而伯夷、叔齐耻之,义不食周粟,隐于首阳山,采薇而食之。"

《采薇图》是宋代李唐以殷末伯夷、叔齐"不食周粟"的故事为题而创作的一幅历史题材绘画作品。图中描绘伯夷、叔齐对坐在悬崖峭壁间的一块坡地上,伯夷双手抱膝,目光炯然,显得坚定沉着;叔齐则上身前倾,表示愿意相随。伯夷、叔齐均面容清癯,身体瘦弱,由于生活在野外和以野菜充饥,肉体遭受到极大的折磨,但是在精神上却丝毫没有被困苦压倒。

养之,长之,假之,仁也 ——《礼记》

◎ 朱冲送牛

晋代有个人叫朱冲，他从小就待人宽厚，特别有智慧，但由于家境贫寒，没钱上学读书，只好在家种地放牛。隔壁有个人心地很坏，平时好占便宜，三番五次地把牛放到他家的地里吃庄稼。

朱冲看到后，不但不发脾气，反而在收工时带一些草回来，连同那吃庄稼的牛，一起送回主人家，并说："你们家里牛多草少，我可以给你们提供方便。"

那家人一听，又羞愧又感激，从此再也不让牛去糟蹋庄稼了。朱冲的待人厚道，赢得了乡邻的一片赞扬。

点评

人格贤善，自然能够得到别人的尊重。朱冲礼让恶邻，厚德载物，使周围的风气发生很大变化，乡里路不拾遗，村落没有行凶的恶人，这就是仁者风范。

延伸阅读

朱冲，字巨容，西晋南安郡人（今陇西三台）。因家境贫困，一直过着半耕半读的日子。年轻时就注重修养德行，闲静寡欲，好钻研经典。他宽容忍让，厚德载物，以自己的行为风范乡村，以《朱冲送牛》的故事美誉中华。其多次征召不应，以美德感化百姓，以礼让倡导并以身作则，使周围的风气发生很大变化。是陇西历史上有记载的一位安贫乐道、隐逸不仕的高人。

夫仁者，已欲立而立人，已欲达而达人 ——《论语·雍也》

◎ 孟母择邻

孟子很小的时候，父亲就去世了，母亲仉氏很有见识，她对孩子很注重思想品德教育。

起初，孟子的家座落在偏僻的郊区，附近是墓地，城乡的人们经常在那里进行祭者的孝子贤孙在墓地跪呀、拜呀，请来的巫师、道士还在那里手舞足蹈地玩弄一些祭神除邪的怪动作。年幼好奇的孟子就摹仿大人的动作与邻里的小孩一起玩一些类似葬丧之类的儿戏。

孟母见儿子整日不注重读书学习而在那里搞一些无聊的儿戏，欲禁而不止，心想，在这里住下去必定不会使孩子受到良好的教养，就决计迁居他地落户。

孟母领着孟子从郊外迁居到城郊附近，这里靠近城区，邻近住着几家作屠宰生意的商人，由于儿童具有摹仿的禀性，年幼的孟子就摹仿大人经营宰杀之类的动作，甚至在乎日的言行举上方面都流露出宰商的习气。

孟母耽心孩子不能受到良好的环境熏陶，更怕影响孩子的学业，又决计迁居到他地落户。

最后，孟母迁居到一家学馆附近。在这里年幼的孟子每天见到的，全是一些读书知理的现象；听到的，都是书声妙语。这对少年的孟子影响很大。从此，孟子发愤笃志，朝夕勤学，终于成了儒家学派著名的学者。

点评

"近朱者赤，近墨者黑"，良好的人文环境对人类的成长和生活而言是十分重要的。孟子后来成为大学问家，与社会环境对他的熏陶感染有很大关系。年幼的心灵，更具有可塑性。"孟母三迁择居"之所以传为佳话，流传至今，就是因为蕴含着一定的育人哲理。

◎ 孟母断织教子

孟子小时候厌倦学习,有一天不愿读书,就逃回了家。孟母正好在织布,见他逃学回来,一句话没讲,就把织布的梭子给弄断了,这意味着马上将要织成的一匹布全毁了。孟子非常孝顺,忙跪下来问:"您为什么要这样?"

孟母告诉他:"读书求学不是一两天的事,就像我织布,必须从一根根线开始,然后一寸一寸地才能织成一匹布,而布只有织成一匹了,才有用,才可以做衣服。读书也是这个道理,如果不能持之以恒,像你这样半途而废、浅尝辄止,以后怎能成才呢?"孟子如梦初醒、恍然大悟,从此一心向学,再也不随便旷课,后来继孔子而成为"亚圣"。

延伸阅读

孟母:

刘向的《列女传》中,首次出现了"孟母"这个专用名词。东汉女史学家班昭曾作《孟母颂》,西晋女文学家左芬也作《孟母赞》。

南宋时的启蒙课本《三字经》引证的第一个典故就是"昔孟母,择邻处,子不学,断机杼",这一普及于封建社会后期的启蒙读物,虽经明清学者陆续修订补充,而孟母三迁、断机教子的故事始终冠于篇首。

山东监察御使钟化民《祭孟母文》赞扬道:"子之圣即母之圣""人生教子,志在青紫。夫人教子,志在孔子。古今以来,一人而已。"

◎赵宣子礼退杀手

春秋时期,晋灵公骄纵无道,大臣赵盾(谥号赵宣子),为人忠诚,时时处处都在劝谏君主。君主很不耐烦,有一天突然起了歹念,雇杀手想把赵盾杀掉。这个杀手叫锄麑(ní),天不亮就到了赵盾的家。这时赵盾已经起床,端端正正穿好朝服,在那儿稍微闭目养神,等着上早朝。

杀手见了很感动,心想:"一个人平时居家时都毕恭毕敬,这绝对是国家的栋梁。假如我杀了他,就是不忠,对不起国家,对不起人民;假如不杀他,又失信于君主,这是不信。不忠不信,哪能在世上做人呢?"最后他不得已,就撞树自杀了。

点评

一个人的威仪如理如法,竟可以产生这么大的力量。《弟子规》中说:"冠必正,纽必结,袜与履,俱紧切。"意思是说:一个人的穿着应该整齐,不要不伦不类。戴帽子也应该戴正,不要歪着斜着。一个人如果有涵养,从外在的仪容装束上可以体现出来。

延伸阅读1

赵盾(前655—前601),即赵宣子,嬴姓赵氏,名盾,谥号"宣",时人尊称其赵孟或宣孟。春秋中前期晋国卿大夫,赵衰之子,杰出的政治家、战略指挥家。晋文公之后,晋国出现的第一位权臣,集军政大权于一身,担任执政,号称正卿,法治晋国。他在晋国执政期间,权倾朝野,使晋国君权首次受到冲击与削弱,树赵氏之威,使赵氏一族独大晋国。一生侍奉三朝,维护了晋文公开创的霸业。

莫信直中直,须防人不仁

延伸阅读2

元杂剧《赵氏孤儿》

《赵氏孤儿》是一部历史剧,相关的历史事件记载最早见于《左传》,情节较略;到司马迁《史记·赵世家》,刘向《新序》《说苑》才有详细记载。戏剧情节叙春秋时期晋贵族赵氏被奸臣屠岸贾陷害而惨遭灭门,幸存下来的赵氏孤儿赵武(赵盾之孙)长大后为家族复仇的故事。《赵氏孤儿》非常典型地反映了中国悲剧那种前赴后继、不屈不挠地同邪恶势力斗争到底的抗争精神。元杂剧《赵氏孤儿》全名《冤报冤赵氏孤儿》,又名《赵氏孤儿大报仇》,与《窦娥冤》《长生殿》《桃花扇》并称中国古典四大悲剧。

《赵氏孤儿》在京剧舞台一直版本众多,尤其是各个流派的老生都有该剧的传世经典。1947年,孟小冬的告别演出《搜孤救孤》在沪上引发轰动;1960年,马连良主演的全本《赵氏孤儿》更是京剧史上的集大成之作。对新版《赵氏孤儿》,导演马骞提出了"墨本丹青版"的概念:"所谓墨本,是指剧本依照戏曲界所谓的'墨壳老本',删减其中拖沓冗长的情节,保留最经典动听的唱段,以更紧凑凝练的叙事节奏,演出原汁原味的传统老戏;而丹青是指全剧的舞美,特邀山水画家申世辉创作一组山水画卷,在舞台上实现'国画'与'京剧'两种东方艺术的跨界。"

◎医者仁心

有一个故事,叫做"受污不辩,忍辱修德"。说的是常州魏廉访的父亲,乐善好施,精通医术。上门求医的人,不论贫富,他都尽心治疗,不图回谢;对那些十分贫困的病人,赠钱送药;遇到远乡来城求医的人,一定先让喝点粥或吃些饼,吃完,才开始诊脉。他说:"这是因为走了远路,加上饥饿,血脉多有紊乱。我让他们先吃点东西,稍稍休息一下,脉才能安定下来。我哪里是想要行善积德,只是要用这种办法来显示我医术的神妙!"他行善所借口的托辞,大多如此。

有一次魏老先生被请往一病人家中治病。病人枕头旁丢失了十两银子,他的儿子听了谗言,怀疑是先生拿了,但又不敢当面问。有人就教他拿一柱香去跪在先生门前。

先生见了,奇怪地说:"这是为什么呀?"答说:"有桩疑难事,想问先生。怕老先生见怪,不敢说。"先生说:"你说吧,不责怪你!"病家子才以实相告。先生把他请进密室,说:"确有此事,我是想暂时拿去以应急需,原打算明天复诊时如数偷偷还回去。今天既然你问起了,可以马上拿回去。请你千万不要向外人说!"马上如数给了他。

刚才病人儿子来先生门前跪香,大家都说先生一向谨慎高尚,不应该诬陷有道德的人会有这么肮脏的行为。等他们见到病人的儿子拿着银子出来回去了,都异口同声感叹说:"人心之不可知,竟到如此地步!"于是七嘴八舌诽谤议论之声四起。先生听到之后,神态自若,毫不在意。

不久,病人痊愈。清理打扫床帐时,在褥垫下找到了银子,才大惊而后悔说:"东西并没有丢失,竟然陷害了一位德高的长者,这该怎么办!应该马上去先生家,当着众人面把钱还给他,不能再让他受不白之冤!"

于是父子俩一道来到先生寓所,仍然手奉燃香跪在门

伯仁由我而死

前。先生见了，笑着说："今天这样，又是为什么啊？"父子羞愧地说："银子没有丢，我们错怪长者了，真是该死。今天来交还先生所给的银子。小子无知，任凭先生打骂！"先生笑着把他们扶起来，说："这有什么关系？不要放在心上！"

病人的儿子问先生："那一天我谗言污罪长者，为什么先生甘受污名而不说明，使我今天羞惭无地！今天既蒙先生宽怀，饶恕我们，是否能告诉我们，先生这样做的原因是什么呢？"

先生笑着说："你父亲与我是乡亲邻里，我素来知道他勤俭惜财。正在病中，听说丢了十两银子，病情一定会加重，甚至会一病不起。因此我宁愿受点委屈背上污名，使你父亲知道失物找到，痛戚之心得以转喜，病自然会好起来！"

听到这里，父子两人都双膝跪地，叩头不止，说："感谢先生厚德，不顾自己名声被污而救活我的性命。愿来世作犬马以报大恩！"先生把父子二人请进家去，设酒款待，尽欢而散。

这一天，围观人多如墙一样，都说长者的做为，确是众人所猜测不透的。从此魏善人之名声就传开了。

点评

能够受污不辩，在众目睽睽之下蒙受不白之冤而不动心，已经是难得了。但魏老先生此时心里想的却是诬蔑他的人的病情，不惜自己名声扫地，背负盗贼的骂名，而希望对方病情缓解。当对方感恩戴德时，自己却谦逊有加，丝毫没有趾高气扬的神态，只是当作做人的本份，理所应当这么做的。

自古就有"德为福寿之本""仁者寿"的说法。行善积德、一心为人的魏老先生福报连连，而且福泽后代，其儿子魏廉访高中进士后，又做了某省的大员。在老先生八十大寿时，多次受皇上诰封，他的孙子也都显贵。当时的人都说，上天对善人的施报，的确不假啊！

智者乐水，仁者乐山

◎ 失人之察

《吕氏春秋》记载了这样一个故事：孔子绝粮于陈国与蔡国之间时，七日七夜没吃到饭，只能无精打采地躺在那里。一天，弟子颜回找来一点米，准备煮给老师吃。煮到快熟时，颜回就先抓起一把吃了。孔子悄悄地看在眼里，觉得颜回有点失"礼"，所以不大高兴。

过一会儿，饭熟了，颜回请孔子先吃。孔子善巧地说："我刚刚梦见先君了，故应把干净的食物先供养再吃。"

颜回马上回答："万万不可！刚才有土灰掉进锅里，我虽把它抓出来吃了，但饭已经弄脏了，所以不能供养先君。"

此时，孔子才知道错怪颜回了。

事后，孔子深有感触地叹道："所信者目也，而目犹不可信；所恃者心也，而心犹不足恃。弟子记之，知人固不易矣。"意思是说：我相信自己的眼睛，但眼睛看到的有时并不可靠；我依赖自己的心，但心分析的有时也靠不住。弟子们要切记，了解一个人，本来就不是很容易的！

点评

有人认为"耳听为虚，眼见为实"，但有时候也不一定。不要认为自己所见所闻都千真万确，不容怀疑，凭一己之见判断别人的好坏，不一定特别可靠，很可能杂有不实的成分。

一视同仁

◎左伯桃

春秋时候，楚元王崇儒重道，招贤纳士，天下贤士纷纷投奔而来。西羌积石山，有一名贤士，名叫左伯桃，他自幼父母双亡，勤勉读书，有济世之才，那时候左伯桃年纪已经快五十岁，因为当时诸侯行仁政者少，恃强霸者多，所以一向没有做官的念头。后来听说楚元王慕仁为义，遍求贤士，迳奔楚国而来，来到雍地，时值严冬，雨雪霏霏，再加一阵阵如刀如刺的狂风，左伯桃走了一天，衣裳都湿透了，勉强忍住寒冷前进，看看天色渐渐黑了下来，远远望见远处竹林之中，有一间茅屋，窗中透出一点灯亮来，伯桃大喜，就跑到这茅屋前去叩门求宿，屋里走出一个书生来，知道了左伯桃的来意，便欢迎他进屋去。

左伯桃进得屋内，上下一看，只见屋中家具简单，而且破陋不堪，一张床上满堆了一些书卷，左伯桃请教那人姓名，知道是羊角哀，也是自小死了父母，平生只爱好读书，是胸怀大志的人，二人三言两语，便十分投机，大有"恨相见之太晚"的意思，两人便结拜做异姓兄弟。

左伯桃劝羊角哀一同到楚国去谋事，羊角哀也正有这个心思。一日，两人便带了干粮往楚国而去。昼行夜宿，过了些时日，看看干粮将要用尽，而老天又降下大雪来，左伯桃兀自思量，这点干粮，若供给一人受用，还能到得楚国，否则两个人都要饿死。他自己知道学问没有羊角哀的渊博，便情愿牺牲自己，去成全羊角哀的功名。

想罢便故意摔倒地下，叫羊角哀去搬块大石来坐着休息。等羊角哀把大石搬来，左伯桃已经脱得精光，裸卧在雪地上，冻得只剩了一口气。羊角哀大恸而号。左伯桃叫他把自己的衣服穿上，把干粮带走，速去求取功名。言毕死去。羊角哀到了楚国，得由上大夫裴仲荐于元王，元王

为富不仁

召见羊角哀时,羊角哀上陈计策,元王大喜,拜羊角哀做中大夫,赐黄金百两,绸缎百匹。而羊角哀则弃官不做,要去寻左伯桃的尸首。

羊角哀把左伯桃的尸首寻到之后,给左伯桃香汤沐浴,择一块吉地安葬了。羊角哀便在这里守墓。一夜:羊角哀梦见左伯桃遍体鳞伤而来,诉说被人欺凌。羊角哀醒来之后,提剑到左伯桃坟前说道:"鬼神可恶,吾兄一人打不过他,让小弟来帮你的忙罢。"说罢,自刎而死。

这消息给楚元王知道之后,给他们建立了一座忠义祠,勒碑记其事,至今香火不绝。

延伸阅读

故事:《金兰谊》

也叫《二鬼战荆轲》《羊角哀鬼战荆轲》《羊角哀舍命全交》,故事梗概为羊、左二人都是春秋时期的燕国人,他们是生死与共的朋友。羊、左二人同行至楚谋官,天降大雨雪,同往则盘费不够,左伯桃便将所带干粮、衣物全交与羊角哀,让其独自赴楚,左伯桃则出走躲避羊角哀,最后因冻饿死于树洞之中。羊角哀到了楚国,位至上大夫,遂将此事禀告楚王。楚王听后很受感动,便下令伐倒林树礼葬了左伯桃。后左伯桃托梦给羊角哀,说自己在阴间受荆轲欺侮,羊角哀便自刎于左伯桃墓前,与他合葬在一起,赴阴间共战荆轲。于是后世将最能知心、友谊深厚叫作"羊左"。

该故事最早见于《后汉书·烈士传》,后《文选》《独异志》《六朝事迹编类》等皆有记述,《金兰谊》已经演变成了小说体,到明代冯梦龙的《羊角哀舍命全交》已经完成了由历史人物纪传向小说虚构的转变,也使二鬼战荆轲的传说熔铸了浓烈的情感,塑造了鲜明的形象,表现出丰富的想象力。通过一个感人至深的故事,演绎了一曲流传千古的义气赞歌。在古鄞大地上得以广泛流传。

由于故事在广泛流传中的不断艺术加工,致使在历史年代、人物、地址上多有谬误。

居仁由义

◎ 不贪为宝

春秋时期，宋国有个叫子罕的官员，他品德高尚，为政清廉，从不接受别人的礼物，在百姓中很有威望。有一次，一个宋国人怀藏宝玉，兴冲冲地找到子罕说："小人专程来给大人献宝，请大人收下。"

子罕接过宝玉看了看说："你还是拿走吧，我不能收。"

献宝人以为子罕不识货，子罕却笑着说："我以不贪为宝，你以玉为宝，假如你将玉给了我，我们两人岂不都失去了宝。"献宝人听后十分震憾和惭愧。

点评

《弟子规》中说："果仁者，人多畏，言不讳，色不媚。"意思是说：如果有一位仁德的人出现，大家自然敬畏他，因为他说话公正无私没有隐瞒，又不讨好他人。所以大家才会起敬畏之心。内心的珍贵，品德的高尚，往往是学会做人的基础。不贪是宝，守德一样是宝。

◎ 季羔仁慈执法

孔子的弟子高柴，字季羔，也叫子羔，憨直忠厚，在春秋时期，担任卫国的刑官，为官清廉，执法公平。

有一次，有一个人犯了法，季羔按刑法，下令砍掉了他的脚。

不久，卫国里发生了卫灵公之子蒯聩称兵作乱之事，季羔因此逃了出来。当季羔逃到了城门口时，竟发现守城门的人，恰是那位被他砍掉脚的人。

这位守城人，一看是季羔，不但没有借机抓他，反告诉季羔说："那边有一个缺口，可以跳出城去。"

季羔答道："君子是不会去踰越围墙的。"

守城人停了一下，想了想，又告诉季羔说："在那边有一个小洞，也可以爬出城外。"

季羔又答道："君子是不会从洞里钻着出去的。"

搜捕的人眼看着就要到了，危急之下，守城的人左右看看，马上告诉季羔说："这有一间房子，您或许可以先藏一下。"

于是季羔就躲进了房子里。

过了不久，追捕的人停止了搜索，季羔也得以安全了。当季羔正准备从那里离开时，心中感谢守城的人，对他说道："我不能违背法令，亲自下令砍了你的脚，如今我在危难之中，这正是你报仇的好时机，你反而三次让我找机会逃走，这是为什么呢？"

守城人说："砍了我的脚，是因为我犯了罪，这是无可奈何之事。可那时，您按法令来治我的罪，叫行刑的人先砍别人的，再砍我的，是希望我能得到机会侥幸赦免啊！我知道案情已经查明，罪行也已判定了，可等到要宣判定刑的时候，您那忧愁的样子，都显现在了脸上，我是

妇人之仁

看在眼里的，难道您对我有什么偏爱吗？上天诞生了一个有道德修养的人，本来就应该如此啊，这便是我敬重您的原因。"

孔子听说了此事，不免赞叹道："季羔真是善于为吏啊，同样是执行法令，仁爱宽恕就可以树立恩德，若加以严酷暴虐就要结成仇怨。秉公办事，仁爱存心，这是子羔的做法啊！"

点评

有法可依，违法必究，犯罪判刑，理应依法办理，自然不可徇私悖理。季羔虽判人刑罚，却也不失他的仁爱存心，于心不忍，在最后时刻，仍尽己所能，希望能帮助犯者有所减轻。在将要宣判时，心中忧愁自然形之于色，虽执法以公，但居心以仁，由此也让受刑者敬重。故被砍去脚的守城人在受到刑罚之后，自知是自己违背法令所受的惩罚，心中没有可怨，在季羔受难之时，本可以借此报怨，却仍帮助季羔躲过劫难，也确是识情达理。也正因为他深知季羔的仁德，敬重季羔的为人，故三次相助，让季羔得以脱难，此举同样为人敬佩。

仁义之师

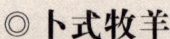

◎ 卜式牧羊

卜式，从小父母双亡，家中只有个幼小的弟弟，卜式把田地房屋财产都给了弟弟，自己只带走畜羊一百多只，进入山放牧，过了十多年，他的羊达到一千多只，而他弟弟由于只是玩乐，家产耗尽，于是卜式又屡次把家产分给弟弟，受到邻里的称赞。可见，他是个重义轻财的君子。

当时汉朝正在抵抗匈奴入侵，卜式上书，愿意捐出一半的家财资助边事。皇帝派人问卜式："想当官吗？"卜式说："从小牧羊，不熟悉怎样当官，不愿意做官。"使者说："家里难道没有冤家仇人，想讲出来吗？"卜式说："臣生来与人无争，家里贫穷的乡人，我就借钱给他；为人不善的，我就教他做好事。去到哪里，人们都顺从我，卜式有何冤事啊！"使者报告了朝廷。丞相公孙弘说："这不是人之常情，希望陛下不要允许。"于是，皇上没有接受卜式的请求。卜式回家，又到田里牧羊了。

后来，卜式又拿钱二十万给河南太守，以救流民。河南上报富人助贫的名单，皇上认出了卜式，于是赐卜式四百人更赋钱，卜式又全部还给官府。当时，富豪皆争相隐匿财产，只有卜式特别想出资救助。皇上于是把卜式尊为长者，召拜卜式为中郎，赐爵左庶长，田十顷，布告天下，给他显官尊荣来教化百姓。

开始时，卜式不愿做官，皇上说："我有羊在上林苑中，想让先生去放牧。"卜式当了郎官后，依然穿着布衣草鞋去牧羊。一年多，羊肥壮又繁殖得很多。皇上经过牧羊的场地，称赞卜式。卜式说："不只是牧羊，治民也是一样。按时起居，坏的立即除去，不让其败坏整个群体。"皇上对他的话很惊奇，想让他管理人民。皇上以卜式朴实忠厚，拜为齐王太傅，又转任为丞相。

假仁纵敌

◎ 管鲍之交

春秋时候,管仲和鲍叔牙年轻的时候就成为朋友,鲍叔牙深知管仲才干非凡。管仲家里很穷,经常占鲍叔的便宜,但鲍叔对他始终如一,从不曾有什么怨言,反而处处维护他。后来,鲍叔侍奉齐国公子小白,管仲侍奉公子纠。公子小白在与公子纠的王位争夺中取胜,成为齐桓公,公子纠败亡,管仲也被囚禁。

齐桓公即位后论功行赏,准备任命鲍叔牙当宰相。鲍叔牙却极力推荐管仲为相,齐桓公问缘由,鲍叔牙说:"我有五点不如管仲:宽厚仁慈,能安抚百姓;治理国家,能抓住根本;结交诸侯,能示以忠信;制定法礼,使国家有章可循;操练士卒,使将士勇气倍增。要是管仲成为宰相,齐国一定可以很快强盛。"

齐桓公气愤的说:"可是他阻挡我回来当国君,在交战时又差点一箭射死我。"

鲍叔牙辩解说:"当时两军对峙,他也只是各为其主。"在鲍叔牙的再三劝说下,齐桓公终于不计前嫌,隆重礼拜管仲为相,并尊称其为"仲父"。在鲍叔牙的协助下,管仲大展宏图,使齐国迅速由乱转治,由弱变强,齐桓公成为春秋时期的第一个霸主,管仲也被后人称为"春秋第一相"。

管仲感慨的说:"我和鲍叔牙一起做生意,分红时自己总是多要,鲍叔牙并不认为我贪婪,他知道我家里穷;我曾替鲍叔牙谋划事情,反而使他困顿不堪,鲍叔牙不认为我愚笨,他知道我时运不济;我多次当官而被国君驱逐,鲍叔牙不认为我不成器,他知道我未遇明主;我多次在战斗中逃跑,鲍叔牙不认为我胆小,他知道我家里有老母需要赡养;公子纠失败,我没有为他殉难,鲍叔牙不认为我没有廉耻，知道我不因小的过失而感到羞愧，却以功名不显扬于天下而感到耻辱。生养我的是父母，真正了解我的是鲍叔牙啊！"

鲍叔牙曾说，人生有两大快事：一为食盾鱼，二为饮玲珑（一种茶名）。管仲拜相后，为报答知遇之恩，专门为鲍叔牙建造了宽广美丽的玲珑园，供其一生享用。鲍叔牙的子孙世世代代在齐国享有俸禄，得到封地的有十几代，多数是著名的大夫。

管仲病重后，齐桓公问他是否可以让鲍叔牙继任为相。管仲说：鲍叔牙善恶过于分明，以善待善尚可，以恶对恶则太偏激。"他是位君子，但不可以委以国政。"奸臣易牙听后，以为这是离间管仲与鲍叔牙的好机会，便到鲍叔牙面前挑拨。没想到鲍叔牙听了非但没有生气，反而笑道："管仲忠于国家，没有私心，这正是我推荐他为相的原因。若让我为相，哪里还能让你们这些小人容身？"一番话说得易牙面红耳赤，狼狈而逃。

点评

待友以宽。朋友之间如何相处，两千多年的古人给我们作了表率。要多理解朋友的难处，不要太计较他小的缺点和偶尔的错误；多给朋友表现才能的机会，不要害怕他会抢你的风头；正视自己和朋友的优劣，就能够不受小人的挑拨，这样的友谊才会很坚固。

仁义君子

◎ 冯谖客孟尝君

《战国策·国策》中有这么一个故事："冯谖客孟尝君"讲战国时期齐国的孟尝君好士，门下有食客数千人，其中有一个叫冯谖，冯谖在孟尝君家曾弹剑唱道："长铗归来乎，食无鱼、出无车、无以为家"等歌，因而冯谖食有鱼、出有车、他的母亲也得到了孟尝君的照顾。

有一天，孟尝君出了个通告，询问府里的宾客："有谁熟悉算账理财，能够替我到薛地去收债？"

冯谖在通告上写："我能"。

于是孟尝君派冯谖去收债，辞行的时候，冯谖问道："债款全部收齐，用它买些什么东西回来呢？"

孟尝君说："看我家里缺少什么东西，就买什么。"冯谖赶着马车到了薛城，派出官吏召集那些应当还债的百姓都来核对借约。借约核对完了，冯谖假传孟尝君的命令，把借款赐给百姓，烧掉借约，百姓齐声欢呼万岁。

冯谖又马不停蹄的赶回齐国都城，一清早就要求进见孟尝君。孟尝君奇怪他回来这么快，便穿戴好衣帽接见他，问道："债款全收齐了吗？怎么回来的这么快呀？"

冯谖回答说："收齐了。"

孟尝君又问："用它买了些什么回来呢？"

冯谖说："您说'家里缺什么就买什么'，我考虑您府里已经堆满了珍宝，好牛好马挤满了牲口棚，堂下也站满了美女。您府里缺少的东西要算'义'了，因此我替您买了'义'。"

孟尝君问："买义怎么个买法？"

冯谖说："如今您只有一块小小的薛地，却不能抚育爱护那里的百姓，反用商贾的手段向百姓取利息，我私自假传您的命令把借约烧了，百姓齐声欢呼万岁，这就是我给您买的'义'啊。"

孟尝君不高兴,说:"好吧,先生算了罢!"

过了一年,齐泯王即位,对孟尝君说:"我不敢拿先王的臣子作为自己的臣子。"孟尝君只好回到封邑薛城去住。走到离薛城还有一百里的地方,百姓扶老携幼,在大路上迎接孟尝君,整整有一天。

孟尝君回头对冯谖说:"先生替我田文买的义,竟在今天看到了。"

点评

仁义不象钱或物那样实在看得见摸得着,因此孟尝君对冯谖买仁义非常不高兴。当孟尝君被齐王贬出回到薛城时才认识到昔日失去的今天都加倍的得到了回报。真是'仁义重于利'啊!

求生害仁

◎ 中山君飨都士

战国时代，有个叫中山的国都。有一天，中山的国君宴请国都里的名士，大夫司马子期也在其中。当时正好羊羹不够多，分到司马子期时没了。由于羊羹没有分给自己，司马子期怀恨在心，便到楚国去劝楚王攻打中山。

中山被攻破，中山君逃亡。在他逃亡时有两个人拿着武器始终跟在他身后。于是问："你们这是干什么？"

两人回答说："我们的父亲有一次饿得快要死了，是你送了一些食物给他吃而不致饿死。父亲临终前嘱咐：'如果中山君以后出什么大事，你们一定要死心塌地地报效他。'所以特来为你效命。"

中山君仰天长叹，感慨地说："施与不在多少，在于正当人家困难的时候；仇怨不在乎深浅，在于是否伤了人家的心。我因为一杯羊羹而亡国，却因为一点食物得而到两位勇士。"

至仁无亲

◎ 孟子智劝梁惠王

梁惠王见了孟子,热情地说:"先生,您不以千里为远来到我们魏国,一定是给我的国家带来利益了吧?"

孟子回答说:"大王您何必一开口就讲利?有仁义就行了。如果君王说怎样有利于我的国家,大夫说怎样有利于我的封地,士和老百姓说怎样有利于自身,这样上上下下都追逐私利,那么就危险了。"

接着孟子说道:"在能出动一万辆兵车的国家,谋杀他们国君的必定是能出动一千辆兵车的大夫之家;在能出动一千辆兵车的二等国家,谋杀他们国君的,必定是能出动一百辆兵车的大夫之家。大国的大夫能从万辆兵车的国家中获得兵车千辆,二等国家的大夫能从千辆兵车的国家中获得兵车百辆。这些大夫的产业不能说不多了,但是,他仍永远不会满足。所以您不能再宣扬私利了。"

梁惠王听了很受触动,焦急地问:"那先生以为该怎么办呢?"孟子说:"从来没有讲仁的人会遗弃他的双亲,也没有讲义的人会不尊重他的君主。所以,大王您只要讲仁义就够了,何必再讲利呢?"

至仁忘仁

◎ 孙叔敖埋蛇

孙叔敖小的时候，到外面游玩，看见一条长有两个头的蛇，就杀了蛇并把蛇埋了。他哭着回家。他的母亲问他哭的原因。叔敖回答说："我听说见了两头蛇的人一定会死，刚才我见到了它，害怕离开母亲死去。"母亲说："蛇现在在哪里？"回答说："我害怕别人又见到这条蛇，已经把它杀了并埋了。"他的母亲说："我听说积了阴德的人，上天会给他福气的，你不会死的。"

等到孙叔敖大了以后，做到了楚国的国相，他还没开始治国，但是国人就已经相信他是一个仁义的人了。

点评

孙叔敖在认为自己会死的情况下，仍然冷静，理智地处理，为民除害。这种舍己为人的精神值得我们学习。

◎ 负荆请罪

赵惠文王十六年（公元前283年），赵国得到和氏璧，秦国提出愿以十五城换之，赵国派蔺相如出使秦国，蔺相如以他的大智大勇完璧归赵，取得了对秦外交的胜利。

公元前280年秦国再次攻打赵国。这时秦王欲与赵王在渑池会盟言和（今河南渑池县西），赵王非常害怕，不愿前往。廉颇和蔺相如商量认为赵王应该前往，以显示赵国的坚强和赵王的果敢。赵王与蔺相如同往，廉颇相送，与赵王分别时说："大王这次行期不过三十天，若三十天不还，请立太子为王，以断绝秦国要挟赵国的希望。"廉颇的大将风度与周密安排，壮了赵王的行色，同时由于相如渑池会上不卑不亢的与秦王周旋，毫不示弱地回击了秦王施展的种种手段，不仅为赵国挽回了声誉，而且对秦王和群臣产生震慑。最终使得赵王平安归来。

渑池会结束以后，由于蔺相如功劳大，被封为上卿，位在廉颇之上。

廉颇说："我是赵国将军，有攻城野战的大功，而蔺相如只不过靠能说会道立了点功，可是他的地位却在我之上，况且蔺相如本来是个平民，我感到羞耻，在他下面我难以忍受。"并且扬言说："如果遇见蔺相如，我一定要羞辱他。"蔺相如听说后，远远看到廉颇就转身躲开，每到上朝时，常常推说有病，不愿和廉颇去争位次的先后。没过多久，相如外出，相如就掉转车子回避。

于是蔺相如的门客们以为他如此惧怕廉颇，纷纷提出告辞。蔺相如坚决地挽留他们，说："诸位认为廉将军和秦王相比谁厉害？"回答说："廉将军比不了秦王。"相如说："以秦王的威势，而我却敢在朝廷上呵斥他，羞辱他的群臣，我蔺相如虽然无能，难道会怕廉将军吗？但是我想到，强大的秦国之所以不敢攻打赵国，就是因为有我和廉将军在呀，如今两虎相斗，势必不能共存。"我所以这样忍让，就是为了要把国家的急难摆在前面，而把个人的私怨放在后面。

廉颇听说了这些话，深深为自己的见识浅薄尔惭愧，于是就脱去上衣，露出上身，背着荆条，来到蔺相如的门前请罪。他说："我是个粗野卑贱的人，想不到将军您是如此的宽厚啊！"二人终于相互交欢和好，成为生死与共的好友。

点评

身为一代名相的蔺相如在成功出使秦国拿回和氏璧后回到赵国后不居功自傲！在大将廉颇侮辱他时不以自身的利害得失去计较！反而衡量到如果和廉颇争执会让赵国产生危害其胸怀和见地令人佩服。而作为一代名将的廉颇在知道事情的始末后，了解是自己误会了蔺相如，马上脱去上衣去向蔺相如负荆请罪，体现廉颇敢作敢为，勇于担当的男子气概！自古以来，成大事者不拘小节，知错就改的人才能得到尊重，这就是故事给我们的启示。

延伸阅读

强饭廉颇

《史记》卷八十一〈廉颇蔺相如列传〉

廉颇居梁久之，魏不能信用。赵以数困于秦兵，赵王思复得廉颇，廉颇亦思复用于赵。赵王使使者视廉颇尚可用否。廉颇之仇郭开多与使者金，令毁之。赵使者既见廉颇，廉颇为之一饭斗米，肉十斤，被甲上马，以示尚可用。赵使还报王曰："廉将军虽老，尚善饭，然与臣坐，顷之三遗矢矣。"赵王以为老，遂不召。

廉颇为之一饭斗米，肉十斤"意思是廉颇虽饭量不错，还能带兵打仗。"后遂以"强饭廉颇"喻老当益壮者。

尸鸠之仁

◎ 孝敬父亲的小黄香

东汉时期，有个小孩叫黄香。黄香九岁的时候母亲就去世了，他对父亲非常孝顺。这年的冬天，十分寒冷。黄香在睡觉的时候，感觉被窝里简直像个冰窟窿，浑身直打颤。正当黄香即将睡去时，他突然想到：我的床这么冷，父亲的床不也一样吗？透过窗户，他看到父亲忙碌的身影。唉，都这么晚了，父亲还在劳作，真是辛苦呀！

黄香一骨碌爬起来，向父亲的床走去。他一头钻进了父亲的被窝。嗬，真凉啊，父亲的棉被比自己的要薄！黄香躺在父亲的被窝里，冷的有些受不了了，他就一边躺着，一边背诵白天刚学过的诗文。过了一会儿，被窝里就渐渐暖和了。

劳累了一天，疲劳不堪的父亲来到自己的床边，正准备睡觉，忽然发现了躺在被窝里的黄香。"我的儿，你这是在干什么呀？"父亲惊讶地问道。黄香忙从被窝里爬了出来，匆匆向自己的床走去。"我这是为父亲温暖席被啊，您劳累了一天，这样睡进去也可以驱驱风寒。"小黄香边走边说。

"嗬，嗬，我家的香儿真懂事，真懂事！"父亲感动得不知如何是好。

宅心仁厚

◎ 薛包孝敬后母

东汉末年，有个叫薛包的人。在他很小的时候，母亲就去世了。后母对他很不好，经常让他挨饿受冻，还时常打他。不得已，薛包只好到其他屋独自居住，他每天早晨照常为父母打扫房屋。即使这样，父母仍然不能接受他，经常赶走他。

于是，薛包就到家门外另搭茅屋居住，心中毫无怨气。每天早晨仍然回家问安，夜晚为父母安铺床席，更加谨慎孝敬，委婉侍奉，从不间断。

大概过了一年多，薛包的孝心终于感动了父母，于是，让薛包回家居住。从此全家和睦相处，共享天伦之乐。

父母去世后，薛包的弟弟要求分家产，各自生活。薛包无可奈何，便将家产平分。他说："奴婢们年岁大了，你不能使唤，就让他们跟着我吧！"

他还将贫瘠的土地和荒弃的屋舍留给自己。对于衣服和家具，自己也只挑拣破旧的。兄弟分家以后，薛包的弟弟不善经营，生活又奢侈浪费，数次将财产耗费破败。

薛包关切开导，又屡次将自己的所有钱和物拿来救济弟弟。薛包孝敬父母，爱护弟弟的故事，很快传遍乡野，后来他被荐举任用为侍中一职。

◎穆姜仁爱

汉朝陈文矩的妻子李穆姜,年轻守寡,自己生了两个儿子,丈夫前妻遗留了四个儿子。四个遗孤因不是继母所生,所以时常说她的不好,而李穆姜料理他们兄弟四个人的衣服和饮食总比亲生的儿子好上一些。前妻大儿子陈兴病重十分危险,李穆姜亲自给他煎药调汤,日夜尽心看护以致憔悴,陈兴病愈后对三个同胞兄弟们说:"继母天性原本十分仁厚慈爱,她这样的扶养我们,我们还挑拣她的不是,这真是和禽兽一样了,我们的罪恶深重啊"于是就带了三个弟弟到县衙声明后母的仁慈和自己的罪恶,后来县官把这件事告诉了知府,知府表扬了李穆姜,又责其四子改过自新。从此以后,他们都成了很良善的书生,李穆姜高寿而终。

吕坤说:"人人都恨继母不够慈爱,而对于继子的不孝却多有宽宥,这都是偏见啊。两者都是要不得的,都是有过失的。孝道的关键在于用礼数规范子女,而不够慈爱的长者就没有不能悔过自新的。所以像闵损那样,不因继母为其棉衣絮芦花而心生恨意,像王祥那样,不因继母虐待而记恨。因为穆姜这个继母的仁慈,我深深地感到,世人对于继子多有宽恕的偏见是多么要不得啊。"

◎ 韩信忍辱

有的事情，如果可以忍耐就忍耐一下。如果不忍耐，小事也可能酿成大的灾祸。

韩信是西汉的开国功臣，他英勇善战，足智多谋，助刘邦建立了西汉。韩信很小的时候，父母就去世了，当地的一些无赖总是欺负他。

一群无赖拦住了韩信，其中一个对他说："虽然你长得又高又大，爱佩带刀剑，其实你胆子很小。如果你有胆子，就用你的佩剑来刺我；没胆子的话，就从我裤裆下钻过去吧！"韩信知道，如果要和他们打架，自己肯定会吃亏。

于是，他就忍住一时之气，从那人的裤裆下钻了过去。后来，他把这次耻辱当成前进的基石，终于在日后一展才华。

点评

与人相处难免会有摩擦，有时候是没有必要生气的，能忍耐就忍耐一下，一个可以忍得住气的人更能成就大的事业。

◎ 绝缨宴

这个典故源于汉代刘向的《说苑·复恩》。

楚庄王一次平定叛乱后大宴群臣，宠姬嫔妃也统统出席助兴。席间丝竹声响，轻歌曼舞，美酒佳肴，觥筹交错，直到黄昏仍未尽兴。楚王乃命点烛夜宴，还特别叫最宠爱的两位美人许姬和麦姬轮流向文臣武将们敬酒。

忽然一阵疾风吹过，筵席上的蜡烛都熄灭了。这时一位官员斗胆拉住了许姬的手，拉扯中，许姬撕断衣袖得以挣脱，并且扯下了那人帽上的缨带。许姬回到楚庄王面前告状，让楚王点亮蜡烛后查看众人的帽缨，以便找出刚才无礼之人。

楚庄王听完，却传令不要点燃蜡烛，而是大声说："寡人今日设宴，与诸位务必要尽欢而散。现请诸位都去掉帽缨，以便更加尽兴饮酒。"

听楚庄王这样说，大家都把帽缨取下，这才点上蜡烛，君臣尽兴而散。席散回宫，许姬怪楚庄王不给她出气。楚庄王说："此次君臣宴饮，皆在狂欢尽兴，融洽君臣关系。酒后失态乃人之常情，若要究其责任，加以责罚，岂不大煞风景？"许姬这才明白楚庄王的用意。

这就是历史上著名的"绝缨宴"。

七年后，楚庄王伐郑。一名战将主动率领部下先行开路。这员战将所到之处拼力死战，大败敌军，直杀到郑国国都之前。战后楚庄王论功行赏，才知其名叫唐狡。他表示不要赏赐，坦承七年前宴会上无礼之人就是自己，今日此举全为报七年前不究之恩。

观过知仁

◎ 韩信报一饭之恩

西汉的开国功臣韩信小时候家里很穷。他用功读书，勤奋练武，但是没有生活来源，总是去别人家白吃白喝，所以受尽了别人的冷眼。他受不了别人的嘲讽，就自己钓鱼换饭吃，却经常吃不饱。有个老妇人靠为别人洗衣服赚钱，见韩信可怜，就把自己的饭菜分给他吃，天天都是这样，从未间断过。韩信感激地说："以后我一定要好好儿报答您"。老妇人生气地训斥他："我是可怜你才给你饭吃，难道还稀罕你的报答吗？"韩信从未忘记老妇人的恩情，他当了淮阴候后，千方百计地找到了老妇人，送给了她千两黄金为作报答。

点评

人的一生之中，得到意外的帮助很幸运，即便是别人送给的一顿饭，也不要忘记。贫穷的时候，不会有人来给你送钱财，但生病的时候，倒有人来告诉你治病的药方。别人对我们的帮助，不管多么微小，我们也要时刻牢记在心。当我们有能力时，要尽力报答别人对我们的帮助。

◎ 与人为善

古时候,有个寡妇叫刘氏。因为丈夫早死,刘氏独自抚养孩子。白天她在田里劳动,晚上就点着蜡烛在织布机上织布,日子倒也过得过去。

邻里有贫困的人家,刘氏总是拿些粮食去接济他们,或者把自己的衣服送给邻居。邻居们都说她太善良了,可她的儿子却不理解母亲。

她就教育儿子说:"对别人好是做人的本分,谁没有点儿烦恼的事呢?"后来,刘氏去世了。她死后第三年,刘家着火,衣服、房屋都被烧毁了。

邻居们都主动给刘家送来衣物,并为刘家砍树建房子。到这时,刘氏的儿子才明白母亲为什么要做善事。

点评

哪怕是一点坏事,也要说服别人不要去做。无论是多么微小的好事,也能给别人带来方便。在生活和学习中,小朋友们应该多帮助身边的人。大家只有互相帮助,彼此才能更好地进步。

假仁假义

◎ 涌泉跃鲤

姜诗,东汉四川广汉人,娶庞氏为妻。夫妻孝顺,其家距长江六七里之遥,庞氏常到江边取婆婆喜喝的长江水。婆婆爱吃鱼,夫妻就常做鱼给她吃,婆婆不愿意独自吃,他们又请来邻居老婆婆一起吃。

一次因风大,庞氏取水晚归,姜诗怀疑她怠慢母亲,将她逐出家门。

庞氏寄居在邻居家中,昼夜辛勤纺纱织布,将积蓄所得托邻居送回家中孝敬婆婆。其后,婆婆知道了庞氏被逐之事,令姜诗将其请回。

庞氏回家这天,院中忽然喷涌出泉水,口味与长江水相同,每天还有两条鲤鱼跃出。从此,庞氏便用这些供奉婆婆,不必远走江边了。

点评

故事虽为传说,但说明了古代人便将仁义奉为人之根本的行事理念,"精诚所至,金石为开",只要坚持自己的信念不动摇,就一定能收到想要的结果。

◎ 割席断义

三国时,魏国的管宁和华歆是好朋友,但二人的性格却很不一样。管宁不在乎荣华富贵,把心思都用在钻研学问上,可华歆就很羡慕有权势的人。一天,他们在菜地里锄草,翻出一块金子。管宁毫不在意,华歆却想据为己有。还有一次,他们坐在席子上看书,有个大官乘着华丽的车子路过他们窗前。管宁依然在读书,华歆却连忙出去看,回来后还对管宁说个不停。管宁很反感,就拿出刀子将两人同坐的席子割成两半,说:"我发现我们不是一路人。从此以后,我们就像这片割开的草席一样,不再是朋友了。"

点评

近水知鱼性,近山识鸟音。路遥知马力,日久见人心。接近水才能了解鱼的习性,靠近山才能识别鸟的声音。路途遥远才知道马的力气大小,人与人相处时间长了才能看出人品的好坏。

和人相处久了才能看出这个人是否和你合得来,值不值得继续交往下去,遇到跟你不是一路的朋友就不要留恋和犹豫,因此我们交朋友时应该多观察,这样才能交到合适的朋友。

◎ 陆绩怀橘

三国时期有个人叫陆绩,他特别孝顺父母。6岁那年,一次他到袁术家里做客,袁术命人取出蜜橘招待他。但他没吃,而是悄悄藏在怀里。后来他向袁术行礼告辞,叩头的时候,怀里滚出三个蜜橘来。

袁术大笑道:"你吃了不够,还要拿呀?"

他回答说:"我没见过这么好的蜜橘,舍不得吃,想拿给母亲尝尝。"

袁术听了大为惊讶,心想一个6岁孩儿便懂得克制自己,孝敬长辈,实在难能可贵。不仅没有责怪他,还多送了他一些橘子。并感叹道:"小陆郎有这样的品德,来日必成为报效国家的栋梁!"的确,据有关历史记载,陆绩长大后对国家的贡献相当大。

点评

陆绩六岁就懂得体念亲心的行为并非偶然,实为得力于良好的家庭教育。除了父母以身作则外,他还研读经史,无数古圣先贤的存心和德行,从小就在他心里扎下了根。

◎ 以人为镜

据《贞观政要》所载：唐太宗喜欢一只小鹞子，一日正在玩鸟，魏征来了，太宗怕魏征指责自己，赶快把小鸟藏到怀中。魏征假装没看到，故意留下来与他商谈国家大事。太宗心里虽为鸟着急，但他信任、敬畏魏征，怕被他发现自己玩鸟而一直忍着。

等魏征走后，太宗取出怀里心爱的小鸟一看，早已命归黄泉了。于是伤心地回到后宫，大发雷霆说："我非杀掉这个田舍翁不可！"

皇后闻之，问明原委，立刻穿上大礼服向太宗行礼道贺："恭喜陛下，贺喜陛下！唐朝有魏征这样的好臣子，又有您这样的好皇帝，这是有史以来没有过的好现象，国家兴盛指日可待。"故使太宗渐渐平息了怒气。

唐太宗就"以人为镜"常观察自己，真正做到了勇于改过、从善如流。后来魏征死了，唐太宗惋惜地说："以铜为镜，可以正衣冠；以古为镜，可以知兴替；以人为镜，可以明得失。而今魏征不在了，朕就少了一面镜子。"

点评

身体的仪表妆容，可以用镜子来观察；而自己的心态行为，就要靠别人来监督，或靠自心来反观，一旦发现了错误，就要立即改正。能得旁人监督、提醒、指出自己的过失是相当重要的，若是具有德行的智者指出你的过失时，就可以推知自己肯定有过失，应反观自己力图改正，并真诚地感谢指责自己的人，也应万分珍惜这种福报机缘

麻木不仁

◎ 心正则笔直

唐朝有位著名书法家叫柳公权,从小就显示出在书法方面的过人天赋,他写的字远近闻名。有一天,柳公权和几个小伙伴举行"书会"。这时,一个卖豆腐的老人看到他写的几个字,觉得这孩子太骄傲了,便皱皱眉头,说:"这字写得并不好,好像我的豆腐一样,没筋没骨,还值得在人前夸吗?"小公权一听,很不高兴地说:"有本事,你写几个字让我看看。"

老人爽朗地笑了笑,说:"不敢,不敢,我是一个粗人,写不好字。可是,人家有人用脚都写得比你好得多呢!不信,你到华京城看看去吧。"

第二天,小公权起了个五更,独自去了华京城。一进华京城,就看见一棵大槐树下围了许多人。他挤进人群,只见一个没了双臂的黑瘦老头赤着双脚,坐在地上,左脚压纸,右脚夹笔,正在挥洒自如地写对联,笔下的字迹似群马奔腾、龙飞凤舞,博得围观的人们阵阵喝彩。

小公权"扑通"一声跪在老人面前,说:"我愿意拜您为师,请您告诉我写字的秘诀……"老人慌忙用脚拉起小公权说:"我是个孤苦的人,生来没手,只得靠脚巧混生活,怎么能为人师表呢?"小公权苦苦哀求,老人才在地上铺了一张纸,用右脚写了几个字:"写尽八缸水,砚染涝池黑;博取百家长,始得龙凤飞。"

柳公权把老人的话牢记在心,从此发奋练字。手上磨起了厚厚的茧子,衣肘补了一层又一层。经过苦练,柳公权终于成为一代书法大家。

他不仅字写得好,做人也和他的字一样,铁骨铮铮、正直不阿(ē)。据说,有一次柳公权在写字,穆宗皇帝边看边连连赞叹,惊诧地问:"你的字怎么写得这么好?能告

诉我书法的秘诀吗?"柳公权毫不犹豫地回答:"用笔在心,心正则笔正!"写字的窍诀在于心,心不清净、不端正,字也不可能漂亮。

延伸阅读

柳公权在书法艺术的改革和发展中,做出了突出的贡献,为唐代书法发展进行总结,也为整个楷书的发展奠定了基础。柳公权是楷书书体的总结者和创新家,他在研究和继承钟繇、王羲之等人楷书风格的基础上,遍阅近代书法,学习颜真卿,溶汇自己新意,自创独树一帜的"柳体"楷书,为后世百代楷模,成为"唐书尚法"的突出代表之一。

他的字取匀衡瘦硬,追魏碑斩钉截铁势,点画爽利挺秀,骨力遒劲,结体严紧。"书贵瘦硬方通神"他的楷书,较之颜体,则稍均匀瘦硬,故有"颜筋柳骨"之称。

今人学书入门,依然首选唐代颜、柳、欧、褚、虞等书法家,特别是柳公权所建立的一整套楷书的规范,今天仍然是人们学习的榜样。

点评

无论做任何事情都需要一心一意,勤学苦练,才能成功。《弟子规》中说:"墨磨偏,心不端,字不敬,心先病。"意思是说:古人写字使用毛笔,写字前先要磨墨,如果心不在焉,墨就会磨偏了,写出来的字如果歪歪斜斜,就表示你浮躁不安,心定不下来。一个人的字,能反映出内在的智慧。假如字写得歪七扭八,看半天也看不清楚,这个人可能心很乱;假如字写得大方工整,由此也可推知他思路清晰、辨别能力强。

◎爱憎分明包青天

北宋时期,开封有一位著名的清官叫包拯。

以前,来打官司的百姓只能在衙门外击鼓喊冤。等到衙门里的公差转递给办案的官员,案子才开堂审理。这样,一些公差们常找借口向告状人要钱。不给钱,就扣着状子不送。他们一刁难,穷苦的百姓可就遭了殃,拿不出钱,有冤无处诉,告状无门。这些都被新上任的开封知府包拯知道了。

包拯命令衙门办公的日子,大门都开着。要告状的百姓可以直接上公堂,当面向他诉说是非曲直,当堂论断。从此以后,穷苦百姓告状有门了,不再无处申冤发愁了。百姓对包拯都十分信任,愿意找他断案。

包拯断案公道,为很多人申了冤。他的名声越来越大,"包青天"的说法也在老百姓中间传开了。

◎ 一箭易断，十箭难折

吐谷浑的国王阿柴得了重病，他担心自己死后，儿子们会为了争权而自相残杀，就把他们召集到一起。阿柴说："你们都从箭袋里拿出一支箭来给我。儿子们各自抽出一支箭交给父亲。阿柴拿起一支箭给大儿子，说："你能折断这支箭吗？"大儿子很容易就折断了箭。阿柴又让大儿子把剩下的箭一起折断，但大儿子无论如何都折不断哪些箭了。阿柴对儿子们说："折断一支箭容易，想一起折断许多支箭就很难。你们明白吗？"儿子们都心领神会。阿柴去世后，他的儿子们团结一心，吐谷浑王国渐渐强大起来。

延伸阅读

吐谷浑又称吐浑、退浑，是我国西北的古代民族之一。原为鲜卑慕容部的一支，先祖游牧于徒河青山（今辽宁省义县东北）。公元3世纪末至4世纪初，即晋太康四年至十年（283—289年）前后，鲜卑单于涉归庶长子吐谷浑，因与以母贵继单于位的嫡弟若洛廆（慕容廆）不和以及开拓新牧场的需要，率所部1700户从辽东慕容鲜卑中分离出来，西迁到今内蒙古自治区阴山。吐谷浑的政权延续了350年左右，一直到了唐朝，与唐军交战又和亲，后来被吐蕃消灭。

唐代诗人王昌龄写过《从军行》诗七首，其中一首非常有名：大漠风尘日色昏，红旗半卷出辕门。前军夜战洮河北，已报生擒吐谷浑。写的就是与吐谷浑作战的情景。

◎ 黄州菊

苏东坡到王安石那里拜会，恰好他不在家，苏东坡就呆在他书房里等候，看到书桌上有一首他未完成的诗："西风昨夜过园林，吹落黄花满地金。"意思是，昨晚西风吹过园林，菊花的花瓣落了一地，犹如黄金铺满大地。苏东坡不由暗笑当朝宰相连常识都不懂，菊花开在秋季，最能耐久，就是干枯也不会落瓣。于是，他在诗句下面写到："秋花不比春花落，说与诗人仔细吟。"说是秋菊不像春天的花会落瓣，请诗人你仔细审查一下。

王安石回来看到后，并没有说什么，次日上朝时，暗地里请皇上把苏东坡贬到黄州。苏东坡被贬后心里很不服，知道是王安石因诗而报复他，但自己也没办法。他在黄州住了将近一年，转眼到了九九重阳节，便邀好友到后园赏菊。由于秋风刮了多日，到园里一看，只见菊花纷纷落瓣，满地铺金，他顿时目瞪口呆，询问友人之后，才知菊花通常不落瓣，但黄州的比较特殊，是落瓣的。又想起给王安石续诗的往事，苏东坡醒悟到自己见识不广，只看一面而不知总体，从此不敢轻易笑人。

过了几年，王安石又把苏东坡调回京城。苏东坡曾专门为续诗一事，找王安石虔诚地道歉认错。

点评

不见高山，不显平地；不见大海，不知溪流。山外有山，天外有天，每个人其实都是渺小的。判断一件事或一个人，务必要先详细观察。在不了解事情真相之前，千万不能轻信谣言，随便乱说。

◎ 岳母刺字

岳飞小时候家里非常穷，母亲用树枝在沙地上教他写字，还鼓励他好好儿锻炼身体。岳飞勤奋好学，不但知识渊博，还练就了一身好武艺，成为文武双全的人才。岳飞十五六岁时，北方的金人南侵，宋朝当权者腐败无能，节节败退，国家处在生死存亡的关头。岳飞投军抗辽。不久因父丧，退伍还乡守孝。

1126年金兵大举入侵中原，岳飞再次投军。临行前，母亲把岳飞叫到跟前，说："现在国难当头，你有什么打算？"

"到前线杀敌，精忠报国！"

岳母听了儿子的回答，十分满意，"精忠报国"正是母亲对儿子的希望。她决定把这四个字刺在儿子的背上，让他永远铭记在心。

岳飞解开上衣，露出瘦瘦的脊背，请母亲下针。

岳母问："孩子，针刺是很痛的，你怕吗？"

岳飞说："母亲，小小钢针算不了什么，如果连针都怕，怎么去前线打仗！"

姚太夫人先在岳飞背上写了字，然后用绣花针刺了起来。刺完之后，岳母又涂上醋墨。

孝顺的岳飞不敢忘记母亲的教诲，那四个字成为岳飞终生遵奉的信条。每次作战时，岳飞都会想起"精忠报国"四个大字，由于他勇猛善战，取得了很多战役的胜利，立了不少功劳，名声也传遍了大江南北。

岳飞还建立起一支纪律严明、作战英勇的抗金军队——"岳家军"。"岳家军"的士兵都严格遵守纪律，宁可自己忍受饥饿，也不敢打扰人民；晚上，如果借住在民家或店铺，他们天一亮就起来，为主人打扫卫生，清洗餐具后才离去。"岳家军"的士气让金军闻风丧胆。金兵统帅长叹道："撼山易，撼岳家军难！"在一次岳家军与金军的战役中，当岳家军追到距金兵大本营只有四十五里，眼看就要大功告成，收复江山时，皇帝赵构怕岳飞打败金兵后，接回原先的皇帝，而自己的王位就保不了，因此和奸臣秦桧连发十二道金牌，命令岳飞退兵。秦桧还诬告岳飞谋反，将他关入监狱，以"莫须有"的罪名将岳飞毒死。岳飞死时只有三十九岁。他一生谨记母亲的教诲，即使在死的那一刻，也没有忘记母亲"精忠报国"四个字。

延伸阅读1

岳飞抗金

岳飞（1103-1142），南宋抗金名将。字鹏举，相州汤阴（今属河南）人。官至枢密副使，封武昌郡开国公。以不附和议，被秦桧所陷，被害于大理寺狱。孝宗时追谥武穆，宁宗时追封鄂王，理宗时改谥忠武。传岳飞背后有其母刻的"精忠报国"4字，《宋史》有传。

1139年（绍兴九年），岳飞在鄂州（今湖北武昌）听说宋金和议将达成，立即上书表示反对，申言"金人不可信，和好不可恃"，并直接抨击了"相国"秦桧出谋划策、用心不良的投降活动。和议达成后，高宗赵构得意忘形，颁下大赦诏书，对文武大臣大加爵赏。可是，诏书下了三次，岳飞都加以拒绝，不受开府仪同三司（一品官衔）的爵赏和三千五百户食邑的封赐。他在辞谢中，痛切地表示反对议和："今日之事，可危而不可安，可忧而不可贺。"并再次表示收复中原的决心，"愿定谋于全胜，期收地于两河，唾手燕云，终欲复仇而报国。"这无异于给宋高宗当头泼了冷水，从而更使赵构、秦桧怀恨在心。

延伸阅读2

莫须有之罪

1141年（绍兴十一年），他遭诬告"谋反"，被关进了临安大理寺（原址在今杭州小车桥附近）。与此同时，宋金政府之间，正加紧策划第二次和议，双方都视抗战派为眼中钉，金兀术甚至凶相毕露地写信给秦桧："必杀岳飞而后可和。"在内外两股恶势力夹击下，岳飞正气凛然，光明正大，忠心报国。从他身上，秦桧一伙找不到任何"反叛朝廷的证据，但岳飞却仍于绍兴十一年农历除夕夜，被赵构"特赐死"，杀害于临安大理寺内，年仅三十九岁。岳飞部将张宪、儿子岳云亦被腰斩于市门。岳飞父子及张宪死于奸臣昏君之手，激起了抗金军队和老百姓的强烈愤怒，韩世忠当面质问秦桧，秦桧支吾其词"其事体莫须有（也许有）。"韩世忠当场驳斥："'莫须有'三字，何以服天下？"民族英雄岳飞，就在"莫须有"的罪名下，含冤而死。

延伸阅读3

满江红·写怀

岳飞

怒发冲冠，凭栏处，潇潇雨歇。抬望眼，仰天长啸，壮怀激烈。三十功名尘与土，八千里路云和月。莫等闲，白了少年头，空悲切！

靖康耻，犹未雪；臣子恨，何时灭。驾长车，踏破贺兰山缺。壮志饥餐胡虏肉，笑谈渴饮匈奴血。待从头，收拾旧山河，朝天阙！

◎ 赵忭越州赈灾

赵忭，谥号"清献"，世人尊称其为清献公。赵公不仅为官清廉，勤政为民，而且具有当今社会崇尚的市场意识，富有经济头脑，曾经以他独特的方式，巧妙地赈济越州灾荒，在中国救灾史上留下了一段佳话。

熙宁八年（1075），六十七岁的清献公赵忭以资政殿大学士的身份任越州知州（越州，就是现在的浙江绍兴）。上任不久，夏季到来，不幸的是这年高温干旱，蝗虫成灾，使得当时两浙路，即今浙江及江苏南部，共两府十二州，州州受灾，县县缺粮。越州更是颗粒无收，各地米行的奸商毫无恻隐之心，却以为商机来临，可趁天灾获取暴利，大发横财，纷纷抬高米价。米价猛涨，州内百姓生者不得食，病者不得药，死者不得葬。一段时间越州城笼罩在一片哀吟声声、死气沉沉的阴霾之中，到处都是面黄肌瘦的灾民。饿死后未葬的尸骨，令人不寒而栗。这一惨状给赵忭增加了无穷的压力。赵忭既然是知州，他就必须设法帮助老百姓脱离困境。当时，各州各府纷纷派出军爷在通衢大道上张贴告示，严禁粮商提高米价。想以此平抑米价，保护州内百姓买得起粮食度过荒年。赵忭却另有一举：这天，他派出官爷也上了通衢大道，张贴告示，只是此告示非彼告示也。刚贴上就围上了一大群人，一个个伸长脖子，瞪大双眼，看完之后大家都傻眼啦。愣了几分钟后，片刻炸开了锅，百姓们义愤填膺："这什么狗官，成心饿死咱们。""哎，摊上这号知州，咱们死定啦。"人人叹气，个个摇头，一脸无奈。原来越州的告示上写着："越州米价由粮商自定，米价再高，官府都不干涉。"当然，各地的米行和有米的富家一听这个消息，真是欣喜若狂，纷纷行动，翻仓库，扛麻袋，装上大船小车，连夜押粮运米前往越州。

仁人君子

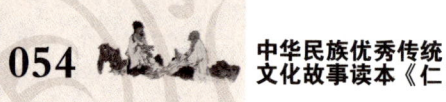

只等着卖个好价钱,过一把数铜钱数到手抽筋的发财瘾。百姓们怨声载道,赵公却全然不理会。此时,官爷又贴出新的告示,决定大兴土木,兴修越州城墙。修城墙要很多劳力,有的去采石场凿石块,有的筑起窑来烧城砖,有的挖掘护城河……一时间,越州男丁都找到了工作。而且早上出工,傍晚结算工钱,一日一清,他们刚从官府领到工钱就可去市上买米。没有想到的是,到了米行还有一个更大的惊喜等着他们。原来由于那份放开米价的告示,各地的粮商们纷至沓来,越州城内卖米的客商瞬间云集,处处粮行,满街米铺。粮食立马供大于求,米行老板无奈之下,不得不自动降价出售。越州的米价不升,反而跌了,比受灾之前还要低。米价不升反降,使得越州百姓像吃了定心丸一样,喜笑颜开,欢欣鼓舞。越州百姓从灾荒的阴影中逐渐地走出来了。就这样,由于赵忭独特的妙计,不长时间,越州的老百姓都度过了灾荒。因为这件事,曾巩作了《越州赵公救灾记》,详尽地记述了越州救荒的事迹,以平实之极的语句,透露出对于赵忭的钦佩与崇敬,更为这段赈灾佳话添上一道绚丽的色彩。

仁人义士

◎ 徐九思活民

徐九思，是贵溪人。嘉靖年间被任命为句容知县。刚到职开始工作，处处小心谨慎，好像没多少本领。不久，有个小吏袖里藏着空白文书偷盖印章，徐九思指出他的罪责，按法律判罪。州郡的官吏替那人叩头求情，九思没有答应，从此人人心怀恐惧。治理县务，对那些孤苦无依的平民一定要给予好处，但是管束邪恶奸猾之人特别严厉。吃官司的，鞭打不超过十下。催收的各种租税，约定期限，过期不缴的就让里正把他们逮来就得了，衙役中没有谁敢到乡村中去（骚扰百姓）。县里有条东西七十里的大路，上面淤积了很厚的泥土，下雨天，泥浆淹没到大腿。九思节省公家开支，铺上石头，从此百姓行走方便。朝廷多次派有权势的太监到三茅山祭祀山神，百姓苦于供应物资。九思找出旧的公文，发现官府里长期储藏着商人运销官盐的盐税收入，便请求用来补偿百姓，百姓没有受到干扰。荒年，稻谷价格暴涨，巡抚打开仓库拿出几百石稻谷，让官吏把稻谷平价卖出而把粮钱交付官府。九思说："那些买稻谷的都是富豪。贫苦民众即使是平价也没有能力买进。"于是按时价卖出其中一半，把钱交入官府，用剩下的粮煮粥给饥饿的人吃。稻谷多，就让民众据自己体力分取背走，那些住在偏远山谷的，就让他们就近取富贵人家的稻谷，官府替他们偿还，使得很多人活了下来。在任九年，升任工部主事，后来又任郎中，治理张秋河道。漕河和盐河相互靠近却不相通，漕河水满就会泛滥成水涝。九思建议在沙湾修筑减水桥，使两河相通，漕河水满，就有地方排进大海，而不会侵犯农田，水少又有所控制不至于使农田干涸。工程竣工，于是成为长久的利益。

残暴不仁

◎ 石旗杆的来历

广宁县北市镇同福村仁善里客家大屋,始建于清道光14年(公元1834年),系由当时的江姓先祖仿照原居住在北方四合院祖宅而建。大屋座南向北,占地面积1645平方米。整座建筑分别由殿、厢房、天井、套房、广场、池塘组成,纵观整个建筑物,无论是外部特征或是内部结构以及装饰、雕塑等,都与其它客家大屋相差无几,唯一所突出不同的是,在仁善里客家大屋门前的小广场前面,高高耸立着两支石旗杆,格外地显眼和引人注目。这两支石旗杆是怎样来的呢?

原来,居住此屋的江姓后人在清朝宣统2年(公元1910年),曾有一位叫江燮坤的青年考取了清代岁贡的功名,为表彰江家青年勤学苦读的精神,朝庭拨出银子给江家在门前广场旁边树起两支石旗杆,一是彰显江燮坤的功名,让江家光宗耀祖。二是为当地青年树立学习的榜样,激励地方上的青少年勤奋读书,求得功名,报效国家和朝庭。据说在立旗杆的时候,江家大宴宾客,江燮坤春风得意,挥毫题写了一付对联以抒胸臆。上联是:仁贤为国保;下联是:善事积家堂。如今,历经百年风雨,两支石旗杆依然耸立如故,默默地向人们诠释它所代表的历史事件和所象征的深远意义。

◎ 百鸟归巢的传说

北市仁善里客家大屋另一处与众不同的地方那就是门。客家人在大屋内设门，讲究的是横相贯，纵相通，一般来说，所设的大大小小门共99个，因为"9"为阳数中的最大数，取"九九归一"之意。而仁善里客家大屋内却多了一个门，整整100个门。这是为什么呢？据江姓后人介绍，此房建好后不久，有一年的春天，春色明媚，阳光灿烂，天空中飞来一群白鹤，在江家大屋上空盘旋，群鹤在空中翩翩起舞，欢快地鸣叫着。江家人见到这一奇景，立即拿出五谷杂粮洒在房屋周围和天井里，好让白鹤下来寻食。不一会，这一群白鹤果然飞下来，停在江家大屋内啄食地上的食物。奇怪的是，每一只白鹤只在一个门洞内寻食，这样，99个门便有99只白鹤。这时，江家人发现空中仍有一只白鹤在空中盘旋不肯下来，原来是已经没有门了，于是江家人立即在大屋侧边临时开了一道门，让那一只白鹤有自己的领地下来寻食。此后连续多年，这一群白鹤都在春天里光临江家一次，于是，江家大屋就多了一只门。人们见到此奇观，就把江家大屋叫做"百鸟归巢"的风水宝地。

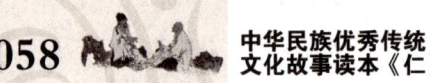

◎乞丐和猴子

在吴越一带，有一满脸胡子的乞丐，搭了一间茅棚，住在南坡。乞丐曾养一只猴，教它学会傀儡戏在街头卖艺度日，每有什么吃的常与猴共享，严寒暑雨也同猴子相依为命在一起，犹如父子一般。

这样，他们共同生活在一起已有十多年了。乞丐因年老多病不能再去街头卖艺了，而这只猴子每天在路旁向行人跪乞，讨到吃的东西，就带回喂养老人，每天如此，从不间断。

后来老乞丐死了，猴子悲痛欲绝。它又常跪在路边向行人边哭边拜，伸手讨钱。不到一会儿功夫，已讨得钱数贯，来到棺材店，赖着不走。店主知道它的意思，果然给它一口棺材，但仍然不去；等到抬棺材的工人来，它跑上去牵他们的衣襟，杠夫似乎会意，为它把棺材扛到南坡，还帮它把老乞丐入殓埋葬。

但猴子并不到此为止，又在路边乞食，把讨来的食物搬到乞丐墓前祭奠。接着又在山野里拾了一些枯枝，放在墓旁，长啼几声，自己跳到烈火中自焚了，过路人看了，没有不为这义猴的举动而惊叹不已的。后来人们为这猴子造了一座"义猴塚"来纪念它。

◎ 六尺巷

据说出自清代康熙和雍正年间的桐城人张廷玉,他是满清入关后父子入阁拜相的汉人。当年张廷玉家人在家乡盖相府时,邻居与他家争三尺地。官司打到县衙里,张家总管便立即写信到京城里告知相爷,希望相爷写封信给县令关照一下。张廷玉看完信后,在原信上批了一道诗寄回:"千里求书为道墙,让他三尺又何妨,长城万里今犹在,谁见当年秦始皇。"接到回音,总管立即吩咐让了三尺地出来,邻居一见也让出三尺地来,于是留下六尺空地,成为人人都能通行的一条巷道,后称为"六尺巷"。由此,张廷玉名声大震,倍受乡邻的称赞。

点评

居高位者皆应具有宽广的胸襟,深明大义,不吝啬琐碎财物。轻财而喜布施的人,其地位修行会更加稳固。当地位、财产、名声、境界、健康、才华、智慧等样样具足时,不要趾高气扬,此时应该想到,所拥有的这些世间福报看起来很美好,但再过一段时间肯定荡然无存,没有什么可傲慢的,应尽力布施以利益他人。

◎ 妙联救人

清代的周渔璜，是贵州青岩人，非常有学问，是当时人们公认的才子。

有一年，在春暖花开时节，周渔璜到十佛寺游玩，晚上就住在寺里。睡下不久，他忽然听到隔壁房间传来微弱的说话声，仔细一听，原来是有人在反反复复诵读一句上联："万瓦千砖百匠造成十佛寺。"

周渔璜来了兴趣，便起身去问寺里的僧人："隔壁住的是什么人？"

僧人答道："是一位姓黄的书生，前几天来本寺游览时想出了这样一句上联，但却百思不得下联，几天过去了，他废寝忘食，苦思冥想，如今已是生命垂危！"

周渔璜问："难道就没有人能帮助他对出下联吗？"

僧人答道："这个上联中有四个数字：万、千、百、十，并且这四个数字是10倍递减，要对出下联难度很大，有好多人试过，但是目前还没有人能对得出。"

从僧人那里回来后，周渔璜想了很久，也没能想出下联。

第二天，周渔璜带着遗憾的心情乘船离开十佛寺，途中经过一座桥，桥上刻着"八仙桥"三个字，此情此景，让他心中豁然开朗，便吩咐船家快快掉转船头，返回十佛寺。

寺中的黄书生虽已几日卧床不起，却仍在有气无力、断断续续地念叨着那句上联："万瓦——千砖——百匠造成——十佛寺。"

周渔璜站在门外大声而有韵地应对："一船二浆四人摇过八仙桥。"

黄书生一听，顿时眼前一亮，精神大振，惊叹道："妙联!此下联中也有四个数字:一、二、四、八,按二倍递增,妙!真是太妙了!"

黄书生"心病"消除,身体复元后与周渔璜结伴而行,共游美景!

延伸阅读

对联又称楹联,因古时多悬挂于楼堂宅殿的楹柱而得名,有偶语、俪辞、联语、门对等通称,以"对联"称之,则开始于明代。它是一种对偶文学,起源于桃符,是利用汉字特征撰写的一种民族文体,它与书法的美妙结合,又成为中华民族绚烂多彩的艺术独创。

对联一般不需要押韵(律诗中的部分对联才需要押韵)。大致可分诗对联,以及散文对联,严格、分大小词类相对。传统对联的形式相通、内容相连、声调协调、对仗严谨。

对联作为一种习俗,是中华民族优秀传统文化的重要组成部分。2005年,国务院把楹联习俗列为第一批国家非物质文化遗产名录。楹联习俗在华人乃至全球使用汉语的地区以及与汉语汉字有文化渊源的民族中传承、流播,对于弘扬中华民族文化有着重大价值。

对联是要成"对"的,即由上联和下联所组成。上下联字数必须相等,内容上也要求一致,亦即是要上下联能"联"起来,两句不相关联的句子随便组合在一起不能成为对联。

对联一般都是竖写,上联末字(仄声)贴在右边(上手),下联末字(平声)贴在左边(下手)。

◎救人中状元

传说，清朝乾隆年间，江苏武进县考生钱维成收拾行李准备进京赶考。临行前，母亲拿出一块祖传的玉麒麟挂在钱维成的脖子上，祈祷说："玉麒麟保佑我儿一路平安，金榜题名。"

一路上，钱维成风餐露宿，日夜兼程，这天到了河北境内的一座小镇。此地距京城只有两天的路程，是通往京城的必经之路，所以路上行人大多是进京赶考的考生。钱维成刚到此地，突然下起了大雨，他三步并作两步赶到一家客栈时，人早已被淋成了落汤鸡。

吃过晚饭，钱维成就早早躺在床上休息。睡着睡着，不知什么时候他竟来到了京城贡院门口，只见许多考生正围在一起，争先恐后地看贴在墙上的皇榜。钱维成此次进京考试，头名状元他想也不敢想，只盼望能金榜题名，不枉费多年心血。现在见皇榜公布，他急切地挤进人群，在皇榜上寻找自己的名字。很快，他便在二甲三十名的位置上看到了"钱维成"这三个字，他心里一阵狂喜，不由得大声叫道："我考中了！中了！"

和钱维成同住一个房间的考生李建中被喊声惊醒，连忙问道："钱兄，什么中了？"钱维成揉了揉眼睛，这才知道自己做了个梦，不好意思地说："刚才我做了个梦，梦见我中了二甲第三十名。"李建中闻言，连声说："吉兆，吉兆呀！"

第二天，大雨仍是下个不停。眼见考期临近，钱维成和客栈里其他十多位考生个个急得坐卧不安，又无可奈何。

大雨一连下了三天三夜，第四天早上天才放晴。吃罢早饭，钱维成和众考生们顾不得道路泥泞，急匆匆地上路了。

深仁厚泽

中华民族优秀传统
文化故事读本《仁》

离开小镇没多远，穿过一片松林，众人来到了一条小河边。正要催马上桥，松林里突然传出一个小女孩焦急的哭喊声："救命啊，救命啊！"钱维成急忙勒住马头，对其他考生说："树林里有人遇到危险，我们赶快去救人吧！"李建中看了一眼钱维成，说："钱兄，离考期只有几天时间了，虽说救人要紧，但考试也耽误不得啊！"其他考生闻听此言，个个拍马向前，飞也似的朝京城方向赶去。李建中也边跑边回头喊："钱兄，快走吧，时间不等人呀！"

望着李建中他们远去的背影，钱维成迟疑了一下，最后还是掉转马头跑进松林。进了林子，他远远看见一个年轻妇人站在一块石头上，双手握着挂在树枝上的绳子，她脚下有一个六七岁大的小女孩正抱着她的腿大声哭。说时迟，那时快。钱维成连忙飞身下马，一个箭步冲上去把年轻妇人拉了下来，急切地问："这位大嫂，有什么事想不开，非要走绝路不可呢？"沉浸在悲痛之中的年轻妇女看了钱维成一眼，摇摇头，一言不发，却眼泪直流。小女孩在一旁边哭边说："叔叔，俺爹前些日子病死了，家里没饭吃，俺娘一时想不开……"话还没说完，母女俩抱在一起号啕大哭。

钱维成家里不是十分富裕，这次进京赶考，好不容易才凑齐了二十多两银子做路费。一路上他省吃俭用，一文钱掰成两半花。眼见这可怜的女人因为没钱而自寻短见，钱维成不禁一阵心酸。他顾不得多想，当即从怀里掏出几两碎银子递给年轻妇人说："大嫂，您可千万不能扔下女儿不管呀！我身上的银子也不多，这些碎银子您拿回去和孩子用吧。"

年轻妇人摆了摆手说："看样子你是一位进京赶考的举人，一路上花钱的地方还多着呢，我怎么能要你的银子呢？"钱维成硬把银子塞到妇人手里，说："大嫂，你就别

施仁布德

客气了,快随女儿一起回家吧。"小姑娘见状,连忙拉着妇人的手说:"妈妈,咱们快回家吧!"年轻妇人拉着女儿一起跪在钱维成面前,说:"恩人呀,您是个大好人,此次进京赶考您一定能高中!"小姑娘朝钱维成磕头不止。钱维成见状,连忙扶起母女俩。

钱维成不放心,一直把母女俩送回家,这才匆匆登程,快马加鞭朝京城赶去。还好,他并没有耽误太多时间,赶在开考前到了京城,准时参加了科考。

等待发榜的日子令人心焦。这天上午,客栈门前突然贴出了一个告示,说京城最近发生了一起命案,命案现场有凶手遗留的一块玉麒麟,请知情者提供线索,将会得到重赏。告示前站了两个官差,其中一个官差的手上拿了一块玉麒麟,让众人辨认。

"玉麒麟?"看到告示的钱维成心里一动,下意识地伸手摸自己的脖子,这才发现脖子上的玉麒麟早没了踪影。他抬头仔细看了看官差手里的玉麒麟,大吃一惊:果然是他祖传的玉麒麟!

怎么办?承认玉麒麟是自己的,极有可能被卷入一场官司,虽然自己并不是杀人凶手,但很有可能错过金榜题名的机会;不承认,一向老实的他将会永远背负一笔良心债!最后,钱维成来到官差身边,勇敢地承认玉麒麟是他的,几名官差立即上前将他带走了!

几天后,大家听到这样一个消息,头名状元竟然就是"钱维成"。这究竟是怎么回事呢?

原来,此次科考前乾隆皇帝突发奇想,朝廷每年开科取士,高中的进士们的确文才过人,但他们的品德如何呢?天下贪官污吏如此之多,应该更加注重进士们的德行才是。于是,乾隆皇帝命人在考生们进京赶考的路上设了一计用来考验考生们品德操行。

钱维成救了年轻妇人后匆匆离去,年轻妇人匆忙间忘

了问钱维成姓名，只拾到了钱维成遗落的玉麒麟。乾隆皇帝知道后，为了寻找这位品德高尚的考生，又故意贴出皇榜，说这块玉麒麟和一起命案有关，目的是想看看这个救人的考生知道玉麒麟和命案有关后敢不敢大胆地承认玉麒麟是自己的。

结果，钱维成经受住了所有考验，乾隆皇帝钦点他为新科状元。

延伸阅读

封建时代的科举制度

科举考试是封建统治者为国家选拔官吏的一条重要途径。状元起初称为"状头"，原来在唐朝参加考试的士子，经由各州贡送到京城，在应试前需递送"投状"，即类似今日考试报时填写资料的情形一样。考试结束之后，将最高的成绩放在最前面，就叫做"状头"。居首者因曰状头，亦曰状元。

"十年寒窗无人问，一举成名天下知"。从隋朝开始实行科举制以来，经历唐、宋、元、明、清各代，直到清光绪31年（1905）废除，历经近1300年。

古代读书人，不管年龄大小，未考取生员（秀才）资格之前，经过第一次童子试后都称为童生或儒童。之后以童生身份参加第二次考试——院试，通过院试的童生都被称为"生员"，俗称"秀才"，算是有了"功名"。第三次考试叫乡试，只有获得秀才资格才可以参加，所有通过乡试的叫举人，其中乡试里边的第一名叫解元，第二名称为亚元，第三、四、五名称为经魁，第六名称为亚魁。第四次北京的考试叫会试，由有举人功名的人参加，通过会试的称为贡士，进贡给天子的士子，贡生里边的第一名叫会元；到皇帝那儿的考试叫殿试，通过殿试的叫进士，进士里边的第三名探花，第二名榜眼，第一名状元。

第四次北京的考试叫会试，由有举人功名的人参加，通过会试的称为贡士，进贡给天子的士子。

仁人（有仁德的人）

◎唐太宗仁爱治国

深受儒家思想浸染的古人,上至帝王将相,下至士人百姓,亦身体力行地实践着仁爱思想。

比如中国历史上的有道明君唐太宗李世民就以仁爱治国。贞观初年,唐太宗对大臣们说,将妇女幽禁在深宫中是浪费百姓的财力,因此他先后将3 000多宫女遣送回家,任由其选择丈夫结婚。

贞观二年,关中一带干旱,发生了大饥荒。太宗又对大臣们说:"水旱不调,都是国君的罪过。我德行不好,上天应该责罚我,百姓有什么罪过,要遭受如此的艰难窘迫?听说有人卖儿卖女,我很可怜他们。"于是派御史大夫杜淹前去巡查,还拿出皇家府库的钱财赎回那些被卖的儿女,送还他们的父母。

贞观十九年,唐太宗征伐高丽,驻扎在定州。太宗驾临城北门楼安抚慰劳将士。有一个士兵生病,不能进见,太宗下诏派人到他床前,询问他的病痛,又敕令州县为他治疗。因此将士都高兴地愿意随从太宗出征。等大军回师,驻扎在柳城时,太宗又诏令收集阵亡将士的骸骨,设置牛、羊、猪三牲为他们祭祀。太宗亲自驾临,为死者哭泣尽哀,军中将士无不洒泪哭泣。观看祭祀的士兵回到家里说起这件事,他们的父母说:"我们的儿子战死,天子为他哭泣,死而无憾了。"

正是因为唐太宗以仁爱治国,示范官吏,所以深得民心,这无疑为唐朝的繁荣富强奠定了基础。

仁笃(仁爱笃厚)

◎柳宗元仁政

唐代著名文人柳宗元在广西柳州当政时，施行了仁政。他首先禁止买卖奴婢，又带领百姓挖井开荒，制造船只，整修城墙街道，广种林木；并亲手在城郊种下黄柑二百株，在柳江边栽植大量柳树；还采取了其它一些安定民生，发展生产的措施。经过三年努力，柳州终于出现了一番新气象："民业有经，公无负担，流逋四归，乐生兴事……猪牛鸡鸭，肥大蕃息。"

延伸阅读

有两位好朋友在一起出游时，一位不小心将另一位的手划破，连忙说对不起，受伤者笑着说没事儿，便在沙漠上用手指记下："今天我的好朋友将我的手划破。"又一次，当他脚不小心拐了时，他的朋友细心地呵护照顾他，直到他的脚慢慢地康复。他用刀子在石头上刻下："今天我的朋友帮了我。"他的朋友疑惑不解地问他为什么时，他说："写在沙漠上是为了让风帮我淡忘昨天的不快，刻在石头上是为了让岁月帮我铭记你对我的帮助。"

仁人网（传说商汤曾让猎人网开三面，指给予一条生路）

◎ 苏轼卖房

宋朝大文豪苏轼晚年居于常州,他花掉了最后一点积蓄,买了一所房子,正准备择日迁入住,一个偶然的机会,听到一老妇哭得十分伤心。

他问老妇痛哭原因,老妇说,她有一处房子,相传了百年,刚刚被不肖子孙所卖,因此痛心啼哭。细问之下,原来苏轼买的房子,就是老妇所说的祖传老屋。

于是苏轼当即告诉老妇,自己乃是买房人。他还焚烧了房契,并让老妇的儿子将母亲迎回旧居居住,而且没有将购房款要回。这年7月,苏轼客死于租住的房子之内。

仁里(仁者住地)

◎ 乐善好施严世期

南宋会稽郡山阴县人严世期生性乐善好施。根据《宋书》记载，张迈等三人与严世期是同村，他们每人的妻子都生了一个儿子。当时正遇上灾荒，他们害怕孩子养不活，便打算将儿子丢弃。严世期听说后，赶紧前去帮助他们，并把自己的衣服食物分给他们。在他的帮助下，这三个小孩最终得以长大成人。同县人俞阳的妻子庄氏90岁了，她的女儿俞兰也70岁了，严世期细心照顾了这两位无依无靠的老人20多年，她们去世后还将她们安葬了。

在灾荒中，同乡潘伯等15人都饿死了，无人给他们安葬。严世期便买来棺材安葬死者，并且收养照顾他们的孩子。

元嘉四年，朝廷赐匾给严世期，上书"义行严氏之间"，并且免掉了他本人的徭役和十年的租税，以此来表彰他乐善好施的德行。

内仁外义

◎ 刘备携民渡江

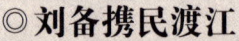

东汉建安十三年（公元208年）曹操率大军南下征讨荆州，荆州牧刘表病逝，令其次子刘琮接替荆州牧，刘琮在手下蔡瑁等人的劝说下，将荆州献与曹操，刘备在新野也呆不下去了，只得逃出来。刘备、诸葛亮在新野大败曹军之后，移驻在樊城。

曹操为了报仇，分兵八路，亲自率领，杀奔樊城而来。曹军势大，刘备兵微将寡，樊城池浅城薄，诸葛亮料定抵挡不住，便劝刘备放弃樊城，渡过汉水，往襄阳退去。刘备不忍抛弃跟随多时的百姓，就派人在城中遍告："曹兵将至，孤城不可久守，百姓愿随者，可一同过江。"城中百姓，皆宁死相随。刘备到了南岸，回顾江北，还有无数未渡江的百姓望南招手呼号。刘备急令关羽催船速去渡百姓过江。直到百姓将要渡完，方才上马离去。

◎古公亶父

后稷的后代几经飘荡,但他们始终没有放弃自己农业生产的传统,最后在豳地岐下(即今陕西省岐山南之周原)定居下来。

古公亶父继位后,他以德治国,广施仁义,百姓都十分爱戴他。但这时戎狄的薰育族时常来侵扰周族,夺取财物。古公亶父为避免冲突,就主动满足薰育族的要求,给了他们许多财物。但薰育族贪得无厌,又想要夺取周族的土地和人口。周族的人民都很愤怒,忍无可忍,想起来反抗。

但古公说:"人民拥立君主,是想让他给大家带来好处。现在戎狄前来侵犯,目的是为了夺取我的土地和人民。人民跟着我或者跟着他们,有什么区别呢?人民为了我的缘故去打仗,我却牺牲别人的父子兄弟却做他们的君主,我实在不忍心这样做。"于是古公带领自己家众迁居到岐山脚下。周族的人扶老携幼,又都跟随古公来到岐山之下。其他邻国的人听说了古公的仁爱之心,也都纷纷前来归附。于是古公带领人民营造城郭,建筑房舍,让人民定居下来。民众都谱歌作乐,歌颂他的功德。

古公的长子名叫太伯,次子叫虞仲。古公的妃子太姜又生下小儿子季历,季历又生下姬昌,姬昌从小就有圣贤的祥兆。古公对姬昌也十分喜爱和器重。长子太伯、次子虞仲知道古公想让季历继位以便传位给姬昌,就一块儿逃到了南方荆、蛮之地,把王位让给了季历。